Documento e Recurso Cível

Documento e Recurso Cível

João Espírito Santo
Assistente convidado da Faculdade de Direito de Lisboa

2011

2ª Edição

DOCUMENTO E RECURSO CÍVEL
AUTOR
João Espírito Santo
EDITOR
EDIÇÕES ALMEDINA, S.A.
Rua Fernandes Tomás, nºs 76, 78, 80
3000-167 Coimbra
Tel.: 239 851 904 · Fax: 239 851 901
www.almedina.net · editora@almedina.net
DESIGN DE CAPA
FBA.
PRÉ-IMPRESSÃO, IMPRESSÃO E ACABAMENTO
G.C. – GRÁFICA DE COIMBRA, LDA.
Palheira Assafarge, 3001-453 Coimbra
producao@graficadecoimbra.pt
Novembro, 2011
DEPÓSITO LEGAL
336950/11

Apesar do cuidado e rigor colocados na elaboração da presente obra, devem os diplomas legais dela constantes ser sempre objecto de confirmação com as publicações oficiais.
Toda a reprodução desta obra, por fotocópia ou outro qualquer processo, sem prévia autorização escrita do Editor, é ilícita e passível de procedimento judicial contra o infractor.

 GRUPO**ALMEDINA**

BIBLIOTECA NACIONAL DE PORTUGAL – CATALOGAÇÃO NA PUBLICAÇÃO
ESPÍRITO SANTO, João
Documento e recurso cível. – 2ª ed. – (Monografias)
ISBN 978-972-40-4655-6
CDU 347

DOCUMENTO E RECURSO CÍVEL
Segunda edição de *O documento superveniente
para efeito de recurso ordinário e extraordinário* (2001)

Dedicado ao João Rodrigo e à Carolina,
pelo tanto que representam na minha vida

NOTA PRÉVIA À SEGUNDA EDIÇÃO

A primeira edição do presente estudo, com o título *O documento superveniente para efeito de recurso ordinário e extraordinário,* surgiu no ano de 2001.

Após a primeira publicação foram introduzidas várias alterações ao Código de Processo Civil, algumas das quais correspondem a reformas de inteiros sectores normativos; é o caso dos regimes jurídicos da acção executiva e dos recursos, efectuadas, respectivamente, pelo DL nº 38/2003, de 8 de Março[1-2], e pelo DL nº 303/2007, de 24 de Agosto.

Foi numa perspectiva de adaptação do escrito originariamente publicado à reforma do sector jurídico dos recursos em processo civil que, dez anos volvidos, empreendi os trabalhos destinados a esta segunda edição[3]. A tanto auxiliou um *gosto antigo* pelo Direito Processual Civil, que me foi principalmente transmitido pelo Professor Miguel Teixeira de

---

[1] Sobre a acção executiva após a reforma, cfr., entre outros, Paula Costa e SILVA, *A reforma da acção executiva, passim*; Teixeira de SOUSA, "Aspectos gerais da Reforma da acção executiva", *in Cadernos de Direito Privado,* 4 (Out.-Dez.), 3-25, e *A reforma da acção executiva, passim*; Rui PINTO, *A acção executiva depois da reforma, passim*; Lebre de FREITAS, *A acção executiva depois da reforma, passim*; um conjunto de estudos sectoriais pode encontrar-se no nº 7 da revista *Themis* (Almedina, 2003).

[2] O diploma foi objecto da Declaração de Rectificação nº 5-C/2003, de 30 de Abril, e alterado pelo DL nº 199/2003, de 30 de Abril.

[3] Salvo expressa indicação em contrário, os preceitos legais citam-se com a redacção vigente à data da presente publicação, dispensando-se uma indicação da origem dessa redacção a propósito de todas e cada uma das citações, que, pela quantidade, se revelaria de leitura fastidiosa. Sobre os antecedentes da reforma de 2007 do regime dos recursos cíveis, no arco temporal entre 1995 e 2007, cfr., entre outros, Armindo Ribeiro MENDES, *Recursos em Processo Civil (Reforma de 2007),* 7.

Sousa, regente da disciplina no ano lectivo de 1994/1995, na Faculdade de Direito de Lisboa, de cuja equipa docente fiz parte.

Voltaria à docência do Direito Processual Civil na Faculdade de Direito de Bissau, no ano lectivo de 1996/1997, no âmbito do Protocolo de Cooperação estabelecido com a Faculdade de Direito de Lisboa.

Leccionei em Bissau durante dois anos lectivos. Aproveito estas linhas para expressar que o *pedaço de vida* que deixei na Guiné-Bissau é, desde então, objecto de uma recordação muito grata, homenageando aqui em particular, e muito merecidamente, o "Chefe de Equipa" no ano lectivo de 1995/1996, António E. Duarte Silva, pela sábia orientação que, em circunstâncias – necessariamente – difíceis, soube dar aos "seus"[4].

Da equipa de docentes portugueses com quem trabalhei na Faculdade de Direito de Bissau fez parte, no ano lectivo de 1996/1997, a Dra. Madalena Nora, actualmente Advogada, em Cantanhede; a ideia de uma nova edição deste texto foi-me por ela sugerida, em Fevereiro de 2011, o que não poderia aqui deixar de assinalar.

Uma última palavra para explicar a razão de ser de um título diverso relativamente ao da publicação originária: os dez anos que separam as duas edições foram tempo de amadurecimento da minha forma de pensar o Direito e a sua representação científica; na verdade, o texto publicado em 2001 tem um conteúdo bem mais amplo do que o título, na parte reportada ao *documento superveniente*, deixa antever, sendo que, após a reforma de 2007 do Código de Processo Civil, o *documento superveniente*, em sentido técnico, viu a sua relevância ser reduzida; tendo estes aspectos em consideração, pareceu-me adequado *redimensionar* o título.

Lisboa, Setembro de 2011

---

[4] Uma recente evocação dessa equipa de docentes portugueses na Faculdade de Direito de Bissau pode ler-se, pela pena do próprio, em "Um constitucionalista na Escola de Direito e na FDB: três permanências, com 'sequelas' ", *in Estudos Comemorativos dos vinte anos da Faculdade de Direito de Bissau, 1990-2010*, I, 54.

NOTA PRÉVIA[5]

O trabalho que ora se publica corresponde, essencialmente, ao relatório de mestrado apresentado pelo autor, em Outubro de 1994, no seminário de Direito Processual Civil integrado no Curso de Mestrado da Faculdade de Direito de Lisboa do ano lectivo de 1992/93.

Circunstâncias de diversa ordem determinaram que o mesmo permanecesse, até agora, inédito – entendeu-se, todavia, que o tema em causa não perdeu interesse e actualidade pelo decurso do tempo que mediou entre a decisão da publicação e a época da sua elaboração, pese embora o facto de o texto originário ter sido objecto de alterações pontuais, destinadas essencialmente a harmonizá-lo às reformas do Código de Processo Civil, entretanto verificadas[6], sem as quais a publicação resultaria anacrónica.

Todo o preceito legal cuja origem não seja expressamente mencionada reporta-se ao Código de Processo Civil vigente.

---

[5] Texto originário da edição de 2001.

[6] Reportamo-nos especialmente às reformas operadas pelos DL n.º 329-A/95, de 12 de Dezembro, e nº 180/96, de 25 de Setembro. Salvo indicação em contrário, os preceitos legais citados reportam-se, pois, à redacção que (eventualmente) lhes tenha sido dada por aqueles diplomas.

PRINCIPAIS ABREVIATURAS

Ac.	– Acórdão
Art./art./Arts./arts.	– Artigo/artigo/ Artigos/artigos
BMJ	– *Boletim do Ministério da Justiça* (Ministério da Justiça/ /Portugal)
CC	– Código Civil, aprovado pelo Decreto-Lei nº 47 344, de 25 de Novembro de 1966
Cfr./cfr.	– Confrontar/confrontar
cit.	– citada
CPC	– Código de Processo Civil, aprovado pelo DL nº 44 129, de 28 de Dezembro de 1961
CRP	– Constituição da República Portuguesa
DL	– Decreto-Lei
DR	– Diário da República
EdD	– *Enciclopedia del Diritto* (Giuffrè/Milão-Itália)
LOFTJ	– Lei de Organização e Funcionamento dos Tribunais Judiciais (Lei nº 52/2008, de 28 de Agosto)
NssDI	– *Novissimo Digesto Italiano* (UTET/Turim-Itália)
Ob./ob.	– Obra/obra
RLJ	– *Revista de Legislação e de Jurisprudência* (Coimbra Editora/ /Portugal)
ROA	– *Revista da Ordem dos Advogados* (Portugal)
s./ss.	– seguinte/seguintes
STJ	– Supremo Tribunal de Justiça
ZPO	– *Zivilprozeßordnung* (Código de Processo Civil alemão)

ADVERTÊNCIAS

a. Os preceitos citados sem indicação da origem reportam-se ao Código de Processo Civil, excepto se outra integração sistemática resultar implicitamente do contexto discursivo;

b. Na numeração de artigos de diplomas legais utiliza-se o ordinal até *nove* e o cardinal de *dez em diante*, por tal corresponder ao modo gramaticalmente correcto de o fazer[7], pelo que nos afastamos da tradição legislativa portuguesa, que não temos por justificada.

---

[7] Cfr. Celso CUNHA/Luís F. Lindley CINTRA, *Nova gramática do português contemporâneo*, 19ª ed., Edições João Sá da COSTA, 2010, 374.

INTRODUÇÃO (DELIMITAÇÃO DO TEMA E RAZÃO DE ORDEM)

I – O tema de que a seguir nos propomos tratar é o do relacionamento entre a prova documental e o recurso cível; assim delimitado, o problema que desde logo se coloca é o da admissibilidade da junção de documentos ao processo em via de recurso, revelando um objecto de pesquisa que pode reconduzir-se a uma área de intersecção de diversas questões, a saber: (*i.*) o *documento enquanto meio de prova;* (*ii.*) *o procedimento probatório aplicável à prova documental,* e, (*iii.*) *o recurso, enquanto meio de impugnação de decisões judiciais.*

Não constituiu objecto de análise a admissibilidade da junção de documentos em recursos que não tenham no Direito Processual Civil o seu principal assento normativo. Todavia, também não foram considerados todos os recursos cíveis, regulados, ou não, no CPC. Por óbvias razões de limitação da dimensão do âmbito a considerar[8], optámos por tratar apenas da junção de documentos nos recursos cíveis integrados na regulação maximizada do processo comum ordinário de declaração, delimitação que nos parece inteiramente justificada em razão do papel subsidiário que a mesma exerce relativamente a outras configurações legais da actividade processual[9].

Não cuidámos, também, da junção processual dos chamados documentos habilitantes e dos pareceres de advogados, professores ou técni-

---

[8] Este texto foi originariamente elaborado no âmbito de um seminário de Mestrado, como está referido na nota prévia à edição de 2001.

[9] Cfr., *v. g.,* os arts. 4º do Código de Processo Penal, 1º, nº 2, *a),* do Código de Processo de Trabalho, e 2º, *e),* do Código de Procedimento e de Processo Tributário.

cos, por serem reveladores de uma problemática autónoma em relação à apresentação em juízo dos *documentos probatórios* propriamente ditos (art. 525)[10].

II – No aprofundamento do tema proposto pareceu-nos que não poderíamos abordar a questão principal sem proceder à sua integração sistemática, focando, ainda que de forma sumária, alguns aspectos prévios que permitam delimitar claramente a *área* em que o mesmo se coloca. Assim, procurámos traduzir neste trabalho um *fio condutor* que possibilitasse a passagem de um plano de análise global à concretização das diversas questões que podem suscitar-se a propósito da junção de documentos em recurso.

Para alcançar esse primeiro objectivo de enquadramento, pareceu-nos adequado abordar, ainda que sumariamente:

i. a relação entre a decisão judicial e os fundamentais modos de a impugnar;

ii. a caracterização do recurso;

iii. a caracterização do processo comum ordinário de declaração no seu aspecto estrutural e a individualização da sua fase instrutória, e, por último,

iv. a prova documental.

Será essa, assim, a ordem de tratamento destas questões.

---

[10] Sobre o assunto, cfr. Alberto dos REIS, *Código de Processo Civil Anotado*, IV, 22 e ss.

I. DECISÃO JUDICIAL E RECURSO

1. Impugnação das decisões judiciais: generalidades. Recurso e reclamação

O termo *recurso* (do Latim, *recursu*) assume, na linguagem técnico-jurídica, o vasto, mas particular, significado de *pedido de reponderação de um acto ou decisão judiciais*[11], próximo do que comummente lhe é atribuído como *jurídico*[12].

Ao contrário, porém, do que parece ser o entendimento comum do significado que os juristas atribuem ao termo *recurso*, esse pedido de reponderação, como teremos oportunidade de verificar, não supõe necessariamente a existência de uma estrutura hierarquizada[13], de modo a poder ser dirigido pelo *recorrente* a uma instância superior à que praticou o acto ou tomou a decisão.

No nosso Direito Processual Civil[14], o *recurso* surge recortado no art. 676, nº 1, do CPC, tão-somente como *meio de impugnação das decisões judiciais*.

---

[11] Cfr. Afonso de Castro MENDES, "Recurso (Direito Processual Civil)", *in Polis*, 5, coluna 79.

[12] *Dicionário da Língua Portuguesa Contemporânea* (Academia da Ciências de Lisboa, Verbo, 2001), II, 3132: recurso [...] *Jur.* Pedido de reponderação sobre uma decisão judicial, dirigido a uma instância superior [...]".

[13] De tipo *administrativo* ou *judicial-continental*. Sobre a distinção, cfr. Oliveira ASCENSÃO, *O Direito: Introdução e Teoria Geral*, 319; Teixeira de SOUSA, *A competência declarativa dos tribunais comuns*, 23.

[14] Sobre a noção, *infra*, II. 1.

Pese embora o facto de à *fixação do direito no caso concreto*, núcleo histórico essencial da função jurisdicional, ser atribuída uma particular necessidade de segurança, traduzida na figura do *caso julgado*[15], isso não significa que as decisões dos órgãos titulares dessa função, os tribunais[16], não possam em caso algum ser *legitimamente* impugnadas. Essa possibilidade, como refere Armindo Ribeiro MENDES, é actualmente *um dado da experiência comum*[17] e radica, antes de mais, no reconhecimento de que a decisão judicial, como acto humano que é – obra de um ou mais juízes –, é susceptível de conter defeitos, devendo, pois, a ordem jurídica fornecer, dentro dos limites fixados pelos seus valores fundamentais – a justiça e a segurança –, os meios necessários à sua impugnação e, consequentemente, ao seu aperfeiçoamento. No Direito Processual Civil português o *recurso* constitui um desses meios, mas não o único.

Como modos fundamentais de reacção contra decisões judiciais devem assinalar-se o *recurso* e a *reclamação* (art. 677)[18], pelo que a noção de recurso que pode retirar-se do art. 676, nº 1, é insuficiente para a sua caracterização. Só a delimitação recíproca das duas figuras permite caracterizá-lo suficientemente.

João de Castro MENDES assinala que "[t]endencialmente a diferença entre recurso e reclamação está nisto: a reclamação representa um pedido de revisão do problema sobre que incidiu a decisão judicial, revisão feita pelo mesmo órgão judicial e sobre a mesma situação em face da qual se decidiu; o recurso representa um pedido de revisão da legalidade ou ilegalidade da decisão judicial, feita por um órgão judicial diferente (superior hierarquicamente) ou em razão de argumentos especiais feitos valer"[19].

Avulta nesta distinção o critério do órgão judicial que procede à revisão da decisão: tratando-se do mesmo órgão que a proferiu, o pedido deve caracterizar-se como *reclamação*; tratando-se, porém, de um órgão judicial hierarquicamente superior ao que proferiu a decisão, o pedido deve caracterizar-se como *recurso*.

---

[15] Cfr. os arts. 677, 497, nº 1, segunda parte, 498 e 671 a 674.
[16] Cfr. os arts. 205, n.os 1 e 2 da CRP e 1º e 2º da LOFTJ.
[17] *Recursos em processo civil (Reforma de 2007)*, 39.
[18] Sobre os restantes meios de impugnação de decisões judiciais, cfr., entre outros, João de Castro MENDES, *Direito Processual Civil*, III, 9 e ss.
[19] Ob. cit., III, 6 e 7.

Todavia, esse critério apenas revela uma tendência geral, devendo sofrer uma importante restrição. É que há recursos apreciados pelo mesmo tribunal que proferiu a decisão a rever: os extraordinários[20]. A caracterização destes passa, antes de mais, pela sua contraposição aos recursos ordinários e pela consideração dos *fundamentos especiais que permitem a sua interposição*, questão que adiante analisaremos.

A distinção entre recurso e reclamação proposta por João de Castro MENDES deixa, contudo, na sombra um aspecto explicativo assaz importante, que se refere à própria razão de ser de uma dupla configuração legal quanto aos fundamentais modos de impugnação das decisões judiciais. Essa razão de ser só se alcança pela análise histórica da génese e evolução dos institutos que modernamente servem esse propósito nos direitos da família romano-germânica. Uma tal análise permitirá detectar uma contínua dialéctica entre dois meios de reacção contra a decisão judicial: a *appellatio* – cuja origem se situa no direito romano imperial –, caracterizando-se como modo de reacção contra a sentença viciada por violação do direito substantivo (*error in iudicando*), e a *querela nullitatis* – cuja origem remonta ao direito estatutário das cidades italianas da Baixa Idade Média –, como modo de reacção contra a sentença viciada por violação de regras processuais (*error in procedendo*).

Muito embora a evolução histórica dos dois institutos venha a demonstrar o progressivo alargamento da *appellatio* em prejuízo da *querela nullitatis*, é aqui que deve buscar-se a mais funda razão de ser da distinção operada no Direito Processual Civil português entre recurso e reclamação. O gérmen do primeiro reside na *appellatio*; o da segunda, na *querela nullitatis*.

Cumpre, pois, salientar que, na origem, a razão de ser dessa distinção repousa, essencialmente, na *natureza do vício* de que padece a decisão revidenda[21]. É essa a razão que conduz Alberto dos REIS, em comentário ao art. 677 do Código de Processo Civil de 1939, a distinguir o recurso e a reclamação com apelo a um duplo critério: a natureza do vício e o tribunal – o mesmo que proferiu a decisão ou outro, hierarquicamente

---

[20] Recursos para *uniformização de jurisprudência* e de *revisão* (cfr. os arts. 763 e ss.).
[21] Sobre a génese e o desenvolvimento histórico do recurso, cfr. Armindo Ribeiro MENDES, *Recursos em Processo Civil*, 19 e ss.

superior – que aprecia o pedido de revisão. Assim, "[o]s remédios dos arts. 677 e 679 têm o carácter de *reclamações*; destinam-se a expurgar a sentença de vícios formais que a inquinam; esse trabalho de expurgação solicita-se ao próprio tribunal que proferiu a sentença viciada"[22]; "os recursos são meios de obter a reforma de sentença injusta, de sentença inquinada de vício substancial ou de erro de julgamento. O mecanismo através do qual opera o recurso define-se nestes termos: pretende-se um *novo exame* da causa, por parte de um órgão jurisdicional hierarquicàmente *superior*"[23-24].

O Código de Processo Civil de 1961, mais precisamente o nº 3 do seu art. 668, veio, porém, impedir a utilização do critério da natureza do vício da sentença, formal ou substancial, para operar uma tal distinção. É que as nulidades da sentença referidas nas alíneas *b)* a *e)* do nº 1 do art. 668 – que Alberto dos REIS classificava como *vícios formais* – só podem ser objecto de reclamação se a sentença não admitir recurso ordinário; se o admitir, poderão constituir objecto de recurso mas não de reclamação. Reunidos os seus pressupostos, ambos os meios servem, pois, para corrigir vícios formais.

Verificamos, assim, que João de Castro MENDES, no trecho atrás transcrito, opera a distinção possível, ainda actual no contexto legal vigente, entre o recurso e a reclamação.

---

[22] *Código de Processo Civil Anotado*, V, 212.

[23] *Idem*.

[24] *Ibidem*, 124 e 125: "[...] o magistrado comete erro de juízo ou de julgamento quando *decide mal* a questão que lhe é submetida, ou porque interpreta e aplica erradamente a lei, ou porque aprecia erradamente os factos; comete erro de actividade quando, na elaboração da sentença, infringe as regras que disciplinam o exercício do seu poder jurisdicional. Os erros da primeira categoria são de carácter *substancial*: afectam o *fundo* ou o *mérito* da decisão; os da segunda categoria são de carácter *formal*: respeitam à forma ou ao modo como o juiz exerceu a sua actividade de julgador". Reportando-se ao recorte sistemático dos vícios da sentença no Código de Processo Civil de 1939 (arts. 666 e ss.), Alberto dos REIS distinguia os *defeitos materiais* – entre os quais autonomizava *as inexactidões e erros materiais descritos no art.* 667º (correspondente ao art. 667, nº 1, do CPC, embora alterado) *e a obscuridade e a ambiguidade a que se referia a alínea a) do art.* 670º [correspondente ao art. 669, nº 1, *a)*, do CPC] – e os *vícios formais* (que integrava numa categoria mais ampla de *defeitos jurídicos*) – entre os quais autonomizava *as nulidades* (art. 668 do Código de Processo Civil de 1939 e do CPC vigente) e *a omissão quanto a custas* [art. 669 do Código de Processo Civil de 1939; o CPC vigente veio, porém, integrar a omissão quanto a custas na categoria dos *erros materiais* da sentença (art. 667, nº 1), cuja correcção se faz por simples despacho do juiz, oficiosamente ou a requerimento das partes, e não por meio de reclamação].

DECISÃO JUDICIAL E RECURSO

Do que se acaba de dizer não deve ficar, contudo, a ideia de uma relativa indiferença entre reclamar e recorrer de uma decisão judicial. O princípio geral que pode recortar-se na lei portuguesa é o de que as decisões judiciais – despachos, sentenças, acórdãos e resoluções proferidas em processos de jurisdição voluntária[25] – são normalmente recorríveis e só excepcionalmente objecto de reclamação[26]. Isso mesmo se depreende do disposto nos arts. 668, n.os 1 e 4, e 676, nº 1.

O princípio enunciado sofre, porém, duas ordens de restrições, radicadas, por um lado, na *irrecorribilidade de certas decisões*, e, por outro lado, no facto de a impugnação de outras passar necessariamente pela reclamação e não pelo recurso[27].

A irrecorribilidade das decisões judiciais pode resultar[28]:

a) da relação entre o valor da sucumbência e o valor da alçada[29] do tribunal de que se recorre (tribunal *a quo*[30]): só é admissível recurso ordinário nas causas de valor[31] superior à alçada do tribunal de que se recorre, desde que as decisões impugnadas sejam desfavoráveis para o recorrente em valor também superior a metade da alçada desse tribunal (art. 678, nº 1)[32];

---

[25] Cfr. os arts. 156, n.os 1, 2 e 3, e 1411, nº 1.

[26] Cfr. João de Castro MENDES, ob. cit., III, 8 e 9.

[27] Cfr., *v. g.*, o art. 511, nº 2, nos termos do qual a selecção da matéria de facto só é *reclamável*, muito embora o despacho que incida sobre a reclamação possa ser impugnado no *recurso* interposto da decisão final (nº 3 do mesmo artigo).

[28] Sobre o assunto, cfr., entre outros, Armindo Ribeiro MENDES, *Recursos em Processo Civil (Reforma de 2007)*, 62 e ss.; Abrantes GERALDES, *Recursos em Processo Civil*, 36 e ss.

[29] *Alçada de um tribunal* é o valor até ao qual esse tribunal julga sem recurso; sobre a noção, cfr. João de Castro MENDES, ob. cit., I, 267; cfr. também o art. 31 da LOFTJ.

[30] Cfr. João de Castro MENDES, ob. cit., III, 12: "[...] os recursos ordinários são interpostos de um tribunal – dito tribunal recorrido, ou tribunal 'a quo' – para outro tribunal superior – dito tribunal de recurso, ou tribunal 'ad quem' ".

[31] Cfr. os arts. 305 e ss. e o art. 467, nº 1, *f*).

[32] Mas à irrecorribilidade contemplada neste preceito, em função da relação apontada, também são criadas excepções (que se reconduzem, pois, à regra da recorribilidade). Essas excepções permitem o recurso, mesmo que se não verifique o primeiro condicionalismo apontado, desde que aquele seja interposto com especiais fundamentos: violação de regras de competência internacional, em razão da matéria ou da hierarquia, ofensa do caso julgado [art. 678, nº 2, *a*)], de decisões respeitantes ao valor da causa ou dos incidentes (com o fundamento de que o seu valor excede a alçada do tribunal *a quo*) [art. 678, nº 2, *b*)], de especiais decisões [é o caso do despacho de indeferimento da declaração de impedimento requerida

b) de exclusão legal[33]: *despachos de mero expediente* e *despachos proferidos no uso legal de um poder discricionário* (arts. 679 e 156, n.º 4)[34];

c) de exclusão derivada da vontade das partes (renúncia ao recurso; art. 681, n.º 1).

2. Recursos ordinários e extraordinários

I – A principal classificação dos recursos, que pode retirar-se do CPC, distingue-os em *ordinários* e *extraordinários* (art. 676, n.º 2), pertencendo ao primeiro grupo a *apelação* (arts. 691 e ss.) e a *revista* (arts. 721 e ss.), e, ao segundo, o *recurso para uniformização de jurisprudência* (arts. 763 e ss.) e a *revisão* (arts. 771 e ss.).

O critério de distinção entre recursos ordinários e extraordinários parte da noção de *trânsito em julgado* da decisão recorrida. Assim, são ordinários os recursos interpostos antes de transitada em julgado a decisão e extraordinários os interpostos depois do trânsito[35].

II – A configuração tipológica dos recursos em processo civil a que se fez referência resultou da reforma de 2007 do CPC, sendo diversa da do direito anterior.

---

pelas partes; art. 123, n.º 5], para o Tribunal da Relação, de decisões respeitantes ao valor da causa nos procedimentos cautelares (com o fundamento de que o seu valor excede a alçada do tribunal *a quo*) [art. 678, n.º 3, *b*)], ou em processos específicos (nas acções em que se aprecie a validade, a subsistência ou a cessação de contratos de arrendamento, com excepção dos arrendamentos para habitação não permanente ou para fins especiais transitórios é sempre admissível recurso para o Tribunal da Relação, independentemente do valor da causa [art. 678, n.º 3, *a*)]; sobre a questão da recorribilidade das decisões judiciais "[...] na intersecção entre o *valor da processo* ou do *valor da sucumbência* e a *alçada dos tribunais* de 1.ª instância e da Relação", cfr., entre outros, Abrantes GERALDES, *Recursos em Processo Civil*, 38 e ss.

[33] Muito embora esteja consagrada na doutrina, a expressão *irrecorribilidade resultante de exclusão por lei* não é inteiramente rigorosa, porquanto também nos casos referidos na alínea anterior a recorribilidade é vedada por lei.

[34] Sobre o assunto, cfr. João de Castro MENDES, ob. cit., III, 43 e ss.

[35] Cfr., entre outros, Alberto do REIS, *Código de Processo Civil Anotado*, V, 212 e ss.; Paulo CUNHA, *Da marcha do processo: processo comum de declaração*, Tomo II, 373 e 374; Palma CARLOS, *Direito Processual Civil: dos recursos*, 19 e ss.; Teixeira de SOUSA, "Aspectos gerais da Reforma da acção executiva", *in Cadernos de Direito Privado*, 4 (Out.-Dez.), 4; Armindo Ribeiro MENDES, *Recursos em Processo Civil (Reforma de 2007)*, 39; Abrantes GERALDES, *Recursos em Processo Civil*, 23 e 24; Luís Correia de MENDONÇA/Henrique ANTUNES, *Dos recursos*, 127.

Com efeito, antes da reforma, o processo civil[36] conhecia como recursos ordinários a *apelação*, a *revista* e o *agravo*, em primeira e segunda instâncias, e, como recursos extraordinários, a *revisão* e a *oposição de terceiro*. Os recursos de *apelação* e de *agravo em primeira instância* cabiam de decisões proferidas em primeira instância, a apelação, da sentença final e do despacho saneador que conhecesse do mérito da causa [art. 691 (redacção anterior à reforma)]; o agravo das decisões susceptíveis de recurso de que não podia apelar-se [art. 733 (agora revogado)[37]]; tratava--se, pois, de recursos exclusivamente delimitados pelos respectivos objectos.

Os recursos de *revista* e de *agravo em segunda instância* cabiam de decisões proferidas em segunda instância. O âmbito da revista era simultaneamente delimitado pelo objecto e pelos fundamentos: cabia recurso de revista do acórdão da Relação que decidisse do mérito da causa [art. 721, nº 1 (redacção anterior à reforma)] e com o fundamento específico de violação da lei substantiva [art. 721, nº 2 (redacção anterior à reforma)]. Por seu turno, o recurso de agravo em segunda instância delimitava-se exclusivamente em razão do seu objecto, nos termos do art. 754, nº 1 (agora revogado)[38].

O recurso extraordinário de *revisão* delimitava-se exclusivamente pelos fundamentos que o tornavam admissível [art. 771 (redacção anterior à reforma)]. Por seu turno, o recurso extraordinário de *oposição de terceiro* delimitava-se pelo seu objecto – uma decisão final –, pelo seu fundamento – simulação processual – e pela legitimidade do recorrente: um terceiro prejudicado pela decisão [art. 778, nº 1 (agora revogado)[39]] ou uma das partes, no caso especial do art. 778, nº 3 (agora revogado)[40].

---

[36] Sobre a noção, *infra*, II. 1.

[37] Era o seguinte o seu teor: *o agravo cabe das decisões, susceptíveis de recurso, de que não pode apelar-se*.

[38] Era o seguinte o seu teor: *cabe recurso de agravo para o Supremo Tribunal de Justiça do acórdão da Relação de que seja admissível recurso, salvo nos casos em que couber revista ou apelação*.

[39] Era o seguinte o seu teor: *quando o litígio assente sobre um acto simulado das partes e o tribunal não tenha feito uso do poder que lhe confere o artigo 665, por se não ter apercebido da fraude, pode a decisão final, depois do trânsito em julgado, ser impugnada mediante recurso de oposição do terceiro que com ela tenha sido prejudicado*.

[40] Era o seguinte o seu teor: *é considerado como terceiro, no que se refere à legitimidade para recorrer, o incapaz que haja intervindo no processo como parte, mas por intermédio de representante legal*.

No que respeita aos recursos ordinários, a apelação e a revista constituíam – nessa configuração legal – recursos de mérito; os agravos, por seu turno, recursos sobre a relação jurídica processual (*error in procedendo*).

Já quanto aos recursos extraordinários, a *oposição de terceiro* reconduzia-se tendencialmente a um recurso de mérito, podendo a *revisão* incidir sobre o mérito da causa ou sobre a relação processual.

III – A tipologia dos recursos cíveis que resulta da reforma de 2007 não permite uma sistematização semelhante à do direito pretérito. Há, antes de mais, uma *diversidade quantitativa*: no campo dos recursos ordinários, onde antes se assistia a um dualismo recursório, quer na primeira instância (apelação e agravo em primeira instância) quer na segunda (revista e agravo em segunda instância), existem agora os monismos da apelação, na primeira instância, e da revista, na segunda. Como seria, todavia, de esperar, o percurso do dualismo ao monismo não se fez, pura e simplesmente, com a eliminação da possibilidade de recurso de decisões que não respeitem ao mérito da causa, mas antes com a reconfiguração dos recursos de apelação e de revista, cujo objecto foi alargado[41].

Em consequência da reforma de 2007, o recurso de apelação cabe, por um lado, das decisões do tribunal de primeira instância: (i) que ponham termo ao processo [(art. 691, nº 1); recolhem-se a esta previsão, a título de exemplos, o despacho de indeferimento liminar (art. 234-A, nº 2), o despacho saneador que, absolvendo o réu da instância, tenha por consequência o termo do processo, e a sentença (art. 288, nº 1)]; e, (ii) interlocutórias [no sentido de que não põem termo ao processo, embora possam incidir sobre o mérito da causa (caso da alínea *h*) do nº 2 do art. 691[42])]; as últimas podem distinguir-se em decisões de recorribilidade

---

[41] Para pronúncias semelhantes, cfr. Teixeira de Sousa, "Aspectos gerais da Reforma da acção executiva", *in Cadernos de Direito Privado*, 4, 3; Armindo Ribeiro Mendes, *Recursos em Processo Civil (Reforma de 2007)*, 139; Abrantes Geraldes, *Recursos em Processo Civil*, 194 e 195; Luís Correia de Mendonça/Henrique Antunes, *Dos recursos*, 127 e 128.

[42] Para a crítica desta solução legal, embora na perspectiva do regime da subida do recurso, Teixeira de Sousa, "Aspectos gerais da Reforma da acção executiva", *in Cadernos de Direito Privado*, 4, 5.

imediata e diferida (art. 691, n.ºs 2 e 3, respectivamente)[43-44]. Feita a sistematização do objecto do recurso de apelação, o resultado da sua comparação com o que sucedia no direito pretérito é o do que na sua nova configuração foi absorvido o antigo agravo em primeira instância.

O mesmo juízo pode, genericamente, formular-se em relação aos pretéritos recursos de revista, por um lado, e de agravo em segunda instância, por outro. Na verdade, dispõe agora o art. 721, nº 1, que *cabe recurso de revista para o Supremo Tribunal de Justiça do acórdão da Relação proferido ao abrigo do nº 1 e da alínea h) do nº 2 do art. 691*, ou seja dos acórdãos dos tribunais da Relação que constituam decisão de recurso de apelação de decisões da primeira instância que ponham termo ao processo e do despacho saneador que decida questão(ões) de mérito sem, contudo, pôr termo ao processo[45]. Mas cabe também recurso de revista de acórdãos interlocutórios do Tribunal da Relação, conforme decorre do proémio do nº 2 do art. 721.

Independentemente do seu objecto, o recurso de revista encontra-se agora limitado pelo sistema da *dupla conforme*: exclui-se a sua admissibilidade relativamente aos acórdãos do Tribunal da Relação que, sem voto de vencido e ainda que por diferente fundamento, confirmem a decisão da primeira instância (art. 721, nº 3)[46], mas também a exclusão do recurso é excepcionada em certos casos (art. 721-A, nº 1), que, por isso, admitem revista apesar de verificada uma *dupla conforme*.

---

[43] O conjunto normativo dos n.ºs 2 e 3 do art. 691 sugere, a uma primeira leitura, uma distinção entre decisões interlocutórias de recorribilidade autónoma (as elencadas no nº 2) e de recorribilidade não autónoma [as restantes, a coberto da regra do nº 3, que são impugnadas *no recurso que venha a ser interposto da decisão final ou do despacho previsto na alínea l) do nº 2*], mas a regra do nº 4, prevenindo a hipótese de não haver recurso da decisão final, e admitindo, nesse caso, o recurso autónomo de decisões interlocutórias, que, em princípio, deveriam ser recorridas com a decisão final, demonstra que tal distinção não é rigorosa.

[44] Com entendimento próximo, Abrantes GERALDES, *Recursos em Processo Civil*, 195.

[45] Cfr. Armindo Ribeiro MENDES, *Recursos em Processo Civil (Reforma de 2007)*, 144; Abrantes GERALDES, *Recursos em Processo Civil*, 376 e ss.; Luís Correia de MENDONÇA/Henrique ANTUNES, *Dos recursos*, 266-268.

[46] Sobre o tema, na perspectiva da identidade do objecto das decisões da primeira e da segunda instâncias, cfr. Lebre de FREITAS, "A identidade do objecto da decisão na norma excludente do recurso de revista", *in* ROA, 2009 (Jul.-Set.; Out.-Dez.), 862 e ss.; cfr. também Armindo Ribeiro MENDES, *Recursos em Processo Civil (Reforma de 2007)*, 144 e ss.; Abrantes GERALDES, *Recursos em Processo Civil*, 380 e ss.

DOCUMENTO E RECURSO CÍVEL

À semelhança do recurso de apelação, também quanto à revista podem distinguir-se decisões interlocutórias – em segunda instância – de recorribilidade imediata e diferida; pertencem à primeira categoria as decisões constantes das alíneas *a)* e *b)* do nº 2 do art. 721, e, bem assim, aquelas em relação às quais a lei expressamente o previr [que estão a coberto da alínea *c)* do nº 2 do art. 721]; as restantes decisões interlocutórias em segunda instância são de recorribilidade diferida, que, todavia, pode ser subordinada (art. 721, nº 2, proémio), ou autónoma (art. 721, nº 4).

Posto isto, pode dizer-se que, após a reforma de 2007, os recursos ordinários se distinguem reciprocamente apenas pelo seu objecto: a apelação tem por objecto decisões de um tribunal de primeira instância; a revista, decisões dos tribunais da Relação, julgando em segunda instância.

IV – A tendência analisada de *concentração* nos recursos ordinários também se manifestou, pela reforma de 2007, no domínio dos recursos extraordinários, o que apenas se torna patente com três considerações: (i) no direito pretérito não existia recurso extraordinário que cumprisse a função do actual recurso para uniformização de jurisprudência; (ii) foi eliminado o recurso extraordinário de oposição de terceiro; (iii) o fundamento que antes delimitava o recurso extraordinário de oposição de terceiro – a simulação processual (art. 778, nº 1, agora revogado) – foi deslocado para o âmbito do recurso extraordinário de revisão [art. 771, nº 1, *g)*, na redacção do DL nº 303/2007, de 24 de Agosto].

O recurso extraordinário para uniformização de jurisprudência foi colocado pela reforma de 2007 nos arts. 763 a 770 – *espaço normativo* deixado vago pela revogação operada pelo DL nº 329-A/95, de 12 de Dezembro –, conjunto agrupado sob nova secção, a IV do Capítulo VI do Subtítulo I do Título II do Livro III. Trata-se, na verdade, de uma nova peça na história dos recursos com função de uniformização jurisprudencial, que tem evidenciado avanços cíclicos desde que, na última década do século XX, começou a ganhar fôlego a tese da inconstitucionalidade do instituto do *assento*, a que o Código Civil dedicava o seu art. 2º (*nos casos declarados na lei, podem os tribunais fixar, por meio de assentos, doutrina com força obrigatória geral*). O art. 2º do CC foi revogado pelo DL nº 329-A/95, de 12 de Dezembro – que iniciou a reforma do Direito Processual Civil português de 1995/1996 – e viria, em 1996, a ser objecto de declaração de inconstitucionalidade pelo Tribunal Constitucional, com força obrigatória geral, por violação do art. 115, nº 5, da CRP[47-48].

A refracção da tese da inconstitucionalidade do assento enquanto fonte formal de direito, produziu, no plano puramente adjectivo a alteração do quadro normativo processual civil; a reforma de 1995/1996 eliminou do elenco dos recursos ordinários o recurso para o tribunal pleno (originários arts. 763 a 770), do qual, havendo efectivo conflito de jurisprudência nos tribunais superiores[49], era extraído assento, que o resolvia (art. 768, nº 3). Nessa sequência, o legislador da reforma, encontrou um novo mecanismo processual de uniformização de jurisprudência num *julgamento ampliado* de revista (arts. 732-A e 732-B), com objectivos idênticos[50-51].

O recurso de uniformização de jurisprudência recupera, na configuração de um recurso extraordinário, o antigo recurso ordinário para o tribunal pleno, suprimido na reforma de 1995/1996[52]; é interposto para o pleno das secções cíveis do STJ quando o mesmo proferir acórdão que esteja em contradição com outro do mesmo tribunal, já transitado, no

---

[47] O Acórdão do Tribunal Constitucional nº 743/96, publicado no DR, I-A Série, de 18 de Julho de 1996, declarou inconstitucional, com força obrigatória geral, a norma do art. 2º do CC, na parte em que atribui aos tribunais competência para fixar doutrina com força obrigatória geral, por violação do disposto no art. 115, nº 5, da CRP.

[48] Sobre o tema, cfr., entre outros, Isabel ALEXANDRE, "Problemas recentes da uniformização da jurisprudência em processo civil", Separata da ROA, ano 60, I (Jan.; 2000), 104 e ss. Para uma breve resenha da evolução histórica da qual resultou o instituto do assento, cfr., entre outros, Helena TOMÁS, *Em torno do regime dos assentos em processo civil*, 21 e ss.

[49] Nos termos dos arts. 763 e 764, na redacção originária, o conflito relevante situar-se-ia entre dois acórdãos do STJ, relativamente à mesma questão fundamental de direito, no domínio da mesma legislação, ou, nas mesmas condições, entre acórdãos do mesmo ou de diferentes tribunais da Relação.

[50] Cfr. Armindo Ribeiro MENDES, "Os recursos no Código de Processo Civil revisto", *in Direito Processual Civil*, 51 e ss.

[51] Sobre o tema, cfr., entre outros, Isabel ALEXANDRE, "Problemas recentes da uniformização da jurisprudência em processo civil", Separata da ROA, ano 60, I (Jan.; 2000), 121 e ss.

[52] Nesse sentido, cfr., entre outros, Teixeira de SOUSA, "Aspectos gerais da Reforma da acção executiva", *in Cadernos de Direito Privado*, 4, 11 e 12; Lebre de FREITAS, "Recurso extraordinário: recurso ou acção, *in As recentes reformas na acção executiva e nos recursos*, 20; Armindo Ribeiro MENDES, *Recursos em Processo Civil (Reforma de 2007)*, 184; Abrantes GERALDES, *Recursos em Processo Civil*, 505.

domínio da mesma legislação e sobre a mesma questão fundamental de direito (art. 763, n.ºs 1 e 2).

Têm legitimidade para interpor recurso extraordinário para uniformização de jurisprudência a parte vencida (apesar da genérica referência às *partes*, constante do nº 1 do art. 763, e por aplicação do nº 1 do art. 680[53]), e o Ministério Público, ainda que não seja parte (arts. 763, nº 1, e 766), devendo o mesmo ser instaurado no prazo de 30 dias, contados do trânsito do acórdão recorrido (art. 764)[54].

No que respeita ao recurso de revisão, tal como sucedia no direito pretérito, continua o mesmo a delimitar-se exclusivamente pelos fundamentos que o tornam possível[55].

---

[53] Nesse sentido, cfr., entre outros, Lebre de FREITAS, "Recurso extraordinário: recurso ou acção, *in As recentes reformas na acção executiva e nos recursos*, 20; Armindo Ribeiro MENDES, *Recursos em Processo Civil (Reforma de 2007)*, 184; Abrantes GERALDES, *Recursos em Processo Civil*, 505.

[54] Sobre o modo de interposição do recurso, cfr. Armindo Ribeiro MENDES, *Recursos em Processo Civil (Reforma de 2007)*, 190 e 191.

[55] Cfr., entre outros, Armindo Ribeiro MENDES, *Recursos em Processo Civil (Reforma de 2007)*, 196 e ss.

II. FASE INSTRUTÓRIA E PROCEDIMENTOS PROBATÓRIOS. PROVA DOCUMENTAL

1. Generalidades

Não poderíamos iniciar o tratamento de uma questão relativa à prova documental sem antes fixarmos os elementares pontos de apoio que, na dinâmica processual, permitem avançar até à noção de *prova* e à explicitação da sua necessidade no processo civil.

Entre esses pontos de apoio figuram, naturalmente, a noção de Direito Processual Civil e de processo civil.

O Direito Processual Civil pode caracterizar-se, sumariamente, como "[...] o ramo de direito objectivo, ou conjunto de normas jurídicas, que regulam o processo civil"[56]. A noção, aparentemente simples, carece, contudo, da explicitação do seu objecto: *o processo civil*.

O termo processo (do Latim, *processu*) surge-nos com a fundamental significação de conjunto de fenómenos dirigidos à produção de um fim determinado, sentido esse que pode assumir maior ou menor amplitude consoante a natureza dos fenómenos considerados ou a finalidade a que

---

[56] João de Castro MENDES, ob. cit., I, 33. Sobre o Direito Processual Civil e a sua necessidade, cfr., entre outros, CARNELUTTI, *La prova civile*, 11 e 12; LIEBMAN, *Manuale di diritto processuale civile*, I, 29 e ss.; Manuel de ANDRADE, *Noções elementares de processo civil*, 1-4; Paulo CUNHA, *Da marcha do processo: processo comum de declaração*, Tomo I, 1-3; Palma CARLOS, *Direito Processual Civil*, I, 7-16; Anselmo de CASTRO, *Direito Processual Civil declaratório*, I, 9-15, 27 e 28; Antunes VARELA, *Manual de Processo Civil*, 1-12; Teixeira de SOUSA, *Sobre a teoria do processo declarativo*, 15-35; Remédio MARQUES, *Acção declarativa à luz do código revisto*, 25 e 26.

DOCUMENTO E RECURSO CÍVEL

tendem. A dogmática jurídica permitiu, contudo, *construir* uma noção técnica de processo, cuja origem se pode situar na distinção privatista entre *facto* e *acto* jurídico[57]. Partindo dessa distinção pode reconduzir-se a noção de processo a um conjunto de *actos* dirigidos a um fim determinado (*actos processuais*)[58-59].

Confrontados com as diversas abordagens realizadas pela doutrina portuguesa para a elaboração da noção de *processo civil*, podemos dizer que há uma coincidência essencial na afirmação de ser aquele um conjunto de *actos* teleologicamente relacionados.

Coincidente é também o *meio* apontado entre a causa (os actos) e o *efeito* (a finalidade visada): a intervenção de um órgão judicial.

Com alguma diversidade surgem, porém, os entendimentos quanto à finalidade última prosseguida com o processo civil: a obtenção de uma providência jurisdicional[60], a tutela a conceder[61], a justa composição de um litígio de interesses privados comuns[62], a obtenção da providência judiciária requerida pelo autor[63], a obtenção de um caso julgado[64], o exercício e a tutela das situações subjectivas[65], a composição e tutela de interesses legalmente protegidos[66] ou a resolução do – de um – conflito[67].

Independentemente de uma análise em concreto de cada um destes entendimentos, que não poderíamos aqui empreender, não pode negar-se que o elemento comum a todos eles se centra no finalismo da *produção de uma decisão judicial*. Particularmente explicativa – e útil para a delimitação da noção de Direito Processual Civil – parece-nos, todavia, a orien-

---

[57] Sobre o tema veja-se Paula Costa e SILVA, *Acto e processo*, 84 e ss.

[58] Sobre a relevância do *facto jurídico* processual, cfr. Castro MENDES, ob. cit., I, 38 e 39.

[59] Sobre o *acto processual*, cfr. LIEBMAN, ob. cit., I, 197 e ss.; Castro MENDES, *Do conceito de prova em processo civil*, 72 e ss.; Anselmo de CASTRO, ob. cit., III, 7 e ss.; Teixeira de SOUSA, *Introdução ao processo civil*, 89 e ss.; Paula Costa e SILVA, *Acto e processo*, 123.

[60] Manuel de ANDRADE, ob. cit., 4.

[61] Anselmo de CASTRO, ob. cit., I, 27.

[62] João de Castro MENDES, *Direito Processual Civil*, I, 34 e 35; próximo, Pais do AMARAL, *Direito Processual Civil*, 11.

[63] Antunes VARELA, ob. cit., 11.

[64] Teixeira de SOUSA, *Sobre a teoria do processo declarativo*, 52.

[65] Teixeira de SOUSA, *Introdução ao processo civil*, 12.

[66] Lebre de FREITAS, *Introdução ao processo civil*, 38.

[67] Paula Costa e SILVA, *Acto e processo*, 103 e ss.

tação preconizada por João de Castro MENDES, ao centrar essa finalidade na natureza dos interesses a considerar: *interesses privados comuns*.

A concretização da noção de Direito Processual Civil só ficaria, porém, completa com a delimitação positiva permitida pela adjectivação *civil*. Reportando-nos apenas à ordem jurídica portuguesa, essa adjectivação permite apartar da noção de processo civil certos conjuntos de actos teleologicamente relacionados, produzidos por ou perante um órgão jurisdicional, que, visando também a produção de uma decisão desse órgão, não têm por finalidade última dirimir um conflito de *interesses privados comuns*, mas antes certos litígios que envolvam interesses públicos e privados ou exclusivamente públicos (*v.g.*, processo penal[68]; processo tributário[69]), ou ainda litígios relativos a interesses privados tutelados por direito privado especial (processo do trabalho[70])[71].

Delimitada a noção de processo civil, importa agora referir que a expressão se não reporta a um único conjunto de actos legalmente modelado, mas a vários, o que se traduz na necessidade, de ordem dogmática e prática, da sua sistematização.

O Direito Processual Civil português permite operar duas classificações básicas do processo, atendendo aos critérios do *fim* e da *forma*.

Já atrás nos referimos à visão doutrinal do fim que, em abstracto, assiste a todo e qualquer processo civil. Em concreto, porém, os processos civis podem distinguir-se consoante a sua finalidade *declarativa* ou *executiva*. A distinção é reveladora de enorme importância do ponto de vista prático, porquanto, como é sobejamente sabido, importa assinaláveis diferenças no que respeita à respectiva tramitação.

Sendo a finalidade *declarativa*, isso significa que, com o processo, se visa obter do tribunal uma declaração que *fixe o direito no caso concreto*,

---

[68] Cfr. o art. 10 do Código de Processo Penal, aprovado pelo DL nº 78/78, de 17 de Fevereiro.

[69] Cfr. o art. 1º do Código de Procedimento e de Processo Tributário, aprovado pelo DL nº 433/99, de 26 de Outubro.

[70] Cfr. o art. 1º, nº 1, do Código de Processo do Trabalho, aprovado pelo DL nº 480/99, de 9 de Novembro.

[71] Note-se, porém, que a finalidade atribuída ao processo civil de dirimir *conflitos de interesses privados comuns* apenas revela uma tendência geral. Na verdade, também certos litígios de interesses privados *especiais* constituem objecto do Direito Processual Civil; é o caso dos litígios de natureza comercial, que se encontram sob a alçada do processo civil ou comum, situação cuja origem remonta ao início da vigência do Código de Processo Civil de 1939, que procedeu à unificação dos processos e jurisdições civis e comerciais.

resultado que se produz em razão da especial autoridade do órgão que realiza a declaração e da figura do caso julgado material[72]. Se, porém, se tratar de uma finalidade *executiva*, com o processo visa-se, afinal, a obtenção de medidas destinadas à efectiva reparação do direito violado[73].

Já no que respeita ao critério da *forma*, o processo civil classifica-se em *comum* e *especial*. A lei procede a uma delimitação negativa do primeiro e positiva do último: a forma especial é a aplicável aos casos expressamente designados na lei, a comum aos casos a que não corresponda forma especial (art. 460).

Aos processos especiais dedica o CPC o seu Título IV (arts. 944 e ss.), mas nem só aí podem ser encontrados processos a que corresponde forma especial[74].

A sistematização dos processos sujeitos à forma especial, tendo em conta a finalidade que visam, é tarefa complexa de que aqui não poderemos ocupar-nos. Sempre se dirá, contudo, que neles se podem em concreto identificar finalidades atípicas, segundo os padrões do art. 4º, nº 1, mas também de natureza declarativa[75] e executiva[76].

O processo civil comum declarativo pode ainda classificar-se adicionalmente, quanto à forma, em *ordinário*, *sumário* e *sumaríssimo* (art. 461); essa classificação faz-se segundo dois critérios, o do valor da causa e o da finalidade concreta da acção (art. 462)[77].

---

[72] Esse resultado pode consistir tipicamente na *declaração de existência ou inexistência de um direito ou de um facto*, numa *condenação de alguém à realização de uma prestação*, fundada na violação, efectiva ou previsível, de um direito de crédito, ou ainda numa *declaração constitutiva*, mediante a qual se autoriza uma alteração na ordem jurídica existente. A esta classificação, embora sob o prisma da *acção*, se reporta o art. 4º, nº 2.

[73] A essa finalidade se reporta, embora sob a perspectiva da *acção*, o art. 4º, nº 1. Uma maior concretização quanto às finalidades a obter com o processo executivo revela-se, todavia, no disposto no art. 45, nº 2, podendo consistir no *pagamento de quantia certa*, na *entrega de coisa certa* ou na *prestação de um facto*, positivo ou negativo.

[74] Atente-se, com efeito, no processo de cobrança de dívidas pela prestação de serviços de saúde (DL nº 218/99, de 15 de Junho) e nos da insolvência e da recuperação da empresa (Código da Insolvência e da Recuperação de Empresas (aprovado pelo DL nº 53/2004, de 18 de Março).

[75] *V.g.*, o processo especial de interdições e inabilitações (arts. 944 a 958).

[76] *V.g.*, o processo especial de execução por alimentos (arts. 1118 a 1121-A).

[77] No direito anterior à reforma do processo executivo (DL nº 38/2003, de 8 de Março), também o processo comum executivo se classificava em ordinário, sumário e sumaríssimo

É de notar, desde já, que o modo de impugnação das decisões judiciais recortado no art. 676, nº 1, o *recurso*, não se afigura privativo de decisões reportadas a um qualquer tipo concreto de processo civil, quer atendendo ao critério da forma quer ao do fim. A feição marcadamente *declarativista* do CPC conduz a que o recurso obtenha uma regulação maximizada a propósito das decisões proferidas em processo *declarativo comum ordinário*, que constitui o *último refúgio normativo* dos processos comuns declarativos sumário e sumaríssimo, bem como do processo comum executivo e dos processos especiais (art. 463, nº 1).

Como atrás salientámos, será essa regulação maximizada do recurso, a propósito das decisões judiciais proferidas em processo declarativo comum ordinário, o objecto da nossa análise, com especial incidência no aspecto da junção de documentos em recurso.

A questão não pode, porém, obter um tratamento satisfatório sem que previamente sejam estabelecidas algumas bases nucleares, que se reportam à prova por documentos e aos procedimentos probatórios aplicáveis à prova documental.

2. Processo declarativo comum ordinário e fases processuais. Fase instrutória. Prova

Como se intui do que atrás ficou dito, o conjunto de actos que compõem o processo civil é dominado pela fundamental linha de força da unidade, que resulta, afinal, da teleologia una do conjunto.

Mas o processo civil é ainda marcado por outra característica: a sequência cronológica dos actos processuais. Com efeito, cada um desses actos só assume significado relevante enquanto *átomo* de uma *cadeia sequencial*, marcada por uma finalidade colectiva[78].

(art. 461, na inserção sistemática que então tinha, integrado nas disposições gerais sobre as formas de processo). Com a reforma da acção executiva, o art. 465 passou a determinar que o processo comum de execução segue forma única.

[78] Cfr., entre outros, Paulo CUNHA, ob. cit., Tomo I, 3, João de Castro MENDES, *Direito Processual Civil*, I, 40; Paula Costa e SILVA, *Acto e processo*, 98 e ss.

DOCUMENTO E RECURSO CÍVEL

No processo civil português, essa sequência, em que o processo se traduz, é legalmente modelada, o que lhe vale a qualificação de *processo fundamentalmente rígido*[79].

Tomando como ponto de partida o que aqui fundamentalmente nos interessa, o processo declarativo comum, diremos que essa regulação permite a individualização de *fases processuais*.

A fase processual, como ensina Paulo CUNHA[80], pode ser entendida em sentido *cronológico* ou *lógico*. No primeiro sentido, a fase será a fracção da sequência processual compreendida entre dois momentos; no segundo, o complexo de actos que, dentro do processo, se destinam a uma mesma finalidade[81].

Segundo um critério estritamente cronológico, o processo declarativo comum ordinário é composto, em processamento *normal*[82], por cinco fases (a que correspondem outras tantas fases em sentido lógico), assim sequenciadas: fase dos articulados[83], do saneamento e condensação, da instrução, da discussão da causa e do julgamento[84].

Não vamos aqui debruçar-nos em especial sobre todas e cada uma dessas fases, nem tal se afiguraria relevante no âmbito do presente es-

---

[79] João de Castro MENDES, *Direito Processual Civil*, I, 40.

[80] Ob. cit., I, 62 e ss.

[81] Próxima desta é a distinção proposta por Teixeira de SOUSA entre uma acepção formal e material do processo enquanto sequência de actos processuais (*Sobre a teoria do processo declarativo*, 39).

[82] Sobre a distinção entre processamento *normal* e *eventual*, cfr. João de Castro MENDES, *Direito Processual Civil*, III, 432 e 433.

[83] Sobre a noção de *articulado*, cfr., entre outros, Paulo CUNHA, ob. cit., I, 75 e 76, e João de Castro MENDES, *Direito Processual Civil*, II, 458; António Montalvão MACHADO, *O dispositivo e os poderes do tribunal à luz do novo Código de Processo Civil*, 65 e ss.

[84] Adopta-se o faseamento proposto por Manuel de ANDRADE (ob. cit., 106 e 107) e Antunes VARELA (ob. cit., 239 e 240), que difere ligeiramente do de João de Castro MENDES [articulados, condensação, audiência final e sentença (*Direito Processual civil*, II, 448 e ss.)]. Esta diferença conduzirá a uma diversa concepção da fase da instrução. Com efeito, se para aqueles autores essa fase se destina essencialmente à *produção das provas* sobre os pontos de facto relevantes para a decisão e não esclarecidos na fase anterior, já para o último, a fase instrutória é, antes de mais, *preparatória* da prova a produzir, já na fase da audiência final (ob. cit., II, 657). A apontada divergência parece derivar do facto de João de Castro MENDES evidenciar, na caracterização da fase da instrução, o seu sentido cronológico, e de os dois primeiros autores, pelo contrário, o seu sentido lógico, já que a audiência final (art. 652) é, de facto, perpassada por duas finalidades distintas: uma, de produção de prova; outra, de discussão da matéria de facto.

FASE INSTRUTÓRIA E PROCEDIMENTOS PROBATÓRIOS. PROVA DOCUMENTAL

tudo, importando apenas fazer uma referência especial à fase do saneamento e condensação, por um lado, e à fase instrutória, por outro[85].

O *saneamento* e a *condensação* do processo evidenciam uma relação unidireccional: a segunda supõe o primeiro, mas a inversa não é verdadeira. De entre os sentidos possíveis do vocábulo *sanear*, os que nos interessam como conteúdo do saneamento processual são os de *sanar* e *expurgar*. Efectivamente, o que está em causa no saneamento do processo é a sua expurgação de elementos que possam inquinar a regularidade da instância, ainda que tal possa significar o termo da mesma, por falta de pressuposto processual insanável[86] ou não sanado pelas partes após despacho de pré-condensação nesse sentido[87]. Este *modo de ser* do saneamento está espelhado no facto de o despacho saneador poder pôr termo à instância por verificação de excepção dilatória insuprível ou não suprida após despacho de pré-condensação [art. 510, nº 1, *a)*], caso em que não haverá lugar à condensação do processo. Mas, realizada essa expurgação, que decorre, abstractamente, entre o fim dos articulados e a prolação do des-

---

[85] Sobre a *instrução processual*, cfr., entre outros, Carlo LEONE, "Istruzione del processo civile; a) Istruzione della causa", *in* EdD, XXIII, 141 e ss.; Manuel de ANDRADE, ob. cit., 190; Alberto do REIS, ob. cit., III, 238; Paulo CUNHA, ob. cit., I, 223; Antunes VARELA, ob. cit., 426 e ss.

[86] São insanáveis a ilegitimidade singular, a falta de personalidade judiciária (excepto no caso referido no art. 8º), a incompetência absoluta, o caso julgado e a litispendência; sobre o tema, cfr., entre outros, Abrantes GERALDES, *Temas da reforma do processo civil*, II, 59 e ss.

[87] O despacho de pré-condensação constitui objecto do art. 508, destinando-se, por um lado, ao suprimento de excepções dilatórias, nos termos do nº 2 do art. 265, e, por outro lado, a convidar as partes ao aperfeiçoamento dos articulados, por supressão de irregularidades, ou insuficiências ou imprecisões, na alegação da matéria de facto; sobre a pré-condensação, cfr. Teixeira de SOUSA, *Estudos sobre o novo processo civil*, 302 e ss.; Paula Costa e SILVA, "Saneamento e condensação no novo processo civil", *in Aspectos do novo processo civil*, 215 e ss.; Paulo PIMENTA, *A fase do saneamento do processo antes e após a vigência do novo Código de Processo Civil*, 137 e ss., referindo, por um lado, que, se o vício é insanável "nada haverá a fazer [...] devendo o juiz reservar o conhecimento dessa falta de pressuposto processual para o despacho saneador, a proferir nos termos do art. 510º.1.a) do CPC [...]", e, por outro lado, que, "[...] se o [o juiz] concluir que a concreta falta de pressuposto processual é susceptível de sanação, deve [...], em cumprimento do nº 2 do art. 265º do CPC, e de modo oficioso, diligenciar no sentido dessa sanação. Para tal, nuns casos, o juiz determinará, directamente, as medidas convenientes àquela regularização. Noutros, quando a regularização dependa de actuação das próprias partes, convidá-las-á a praticar o acto adequado. Quer dizer [...], há determinados vícios processuais cuja sanação o juiz promove por si, havendo outros cuja sanação está dependente da acção das partes, competindo, então, ao juiz adverti-las para assumirem o comportamento processual conveniente".

pacho saneador, suceder-lhe-á, se o processo houver de continuar – porque, no despacho saneador, nem o réu foi absolvido da instância nem se verificou completo conhecimento de mérito[88] –, a condensação. *Condensar* o processo tem o evidente sentido da sua concentração nas questões de facto que interessam à decisão, o que se concretiza no quadro funcional da prolação do despacho saneador em torno de dois pólos: por um lado, a matéria de facto que se considera assente, quer no âmbito da fase dos articulados quer da audiência preliminar[89], e, por outro lado, a matéria de facto que, não tendo ainda sido demonstrada, constitui a *base instrutória* [art. 508-A, nº 1, *e)*]; estas duas *áreas* da matéria de facto coincidem, respectivamente, com a *especificação* e o *questionário* anteriores à reforma de 1995/1996[90].

O saneamento e condensação do processo concentram-se num despacho particular, o *saneador*, que pode ser proferido dentro ou fora do âmbito de uma audiência preliminar, como resulta do nº 1 do art. 508-A e do proémio do nº 1 do art. 510[91]. As finalidades do despacho saneador são as que constam das duas alíneas do nº 1 do art. 510[92]: (i) "[c]onhecer das excepções dilatórias e nulidades que hajam sido suscitadas pelas partes, ou que, face aos elementos constantes dos autos, deva [o juiz] apreciar oficiosamente"; (ii) "[c]onhecer imediatamente do mérito da causa, sempre que o estado do processo permitir, sem necessidade de mais provas, a apreciação, total ou parcial, do ou dos pedidos deduzidos ou de alguma excepção peremptória". Mas que a função do despacho saneador

---

[88] *Supra*, neste número.

[89] Sobre a fase da audiência preliminar, cfr., entre outros, Teixeira de SOUSA, "A audiência preliminar", *in Direito Processual Civil*, 13 e ss.; Paulo PIMENTA, *A fase do saneamento do processo antes e após a vigência do novo Código de Processo Civil*, 209 e ss.

[90] Art. 511, nº 1, redacção originária: "[s]e o processo houver de prosseguir e a acção tiver sido contestada, o juiz, no próprio despacho a que se refere o artigo anterior, seleccionará entre os factos articulados, os que interessam à decisão da causa, segundo as várias soluções plausíveis da questão de direito, especificando [*especificação de factos*] os que julgue assentes por virtude de confissão, acordo das partes ou prova documental, e quesitando [*quesitação de factos*], com subordinação a números, os pontos de facto controvertidos que devam ser provados".

[91] Sobre a relação entre o despacho saneador e a audiência preliminar, cfr. Paulo PIMENTA, *A fase do saneamento do processo antes e após a vigência do novo Código de Processo Civil*, 236 e 237.

[92] Cfr. Paulo PIMENTA, *A fase do saneamento do processo antes e após a vigência do novo Código de Processo Civil*, 231 e ss. e 245 e ss.

não é apenas de *sanear*, mas também *condensar* – quando a acção deva *sobreviver* ao saneamento –, resulta do nº 2 do art. 508-B, o que, estranhamente, não está clarificado no art. 508-A.

A *construção normativa* da reforma de 1995/1996 do saneamento e condensação do processo permite afirmar que, via de regra, há lugar a uma *audiência preliminar* (art. 508-A, nº 1, proémio: *concluídas as diligências resultantes do preceituado no nº 1 do artigo anterior, se a elas houver lugar, é convocada audiência preliminar...*), que, portanto, constitui *processamento normal*. A audiência destina-se à realização de algum ou alguns dos fins elencados nas alíneas do nº 1 do art. 508-A, designadamente os de: (i) proferir despacho saneador, nos termos expressos no art. 510, e, (ii) tendo a acção sido contestada, seleccionar a matéria de facto que se considera assente e a que constituiu a base instrutória. O despacho saneador é proferido oralmente, excepto se a complexidade das questões a resolver exigir a sua prolação por escrito (art. 510, nº 2). A audiência preliminar pode, porém, ser dispensada, nos termos do nº 1 do art. 508-B.

Havendo lugar a audiência preliminar, à ou às finalidades que tenham determinado a sua convocação, nos termos das alíneas *a)* a *c)* do nº 1 do art. 508-A, e se a acção dever prosseguir, acrescem as finalidades complementares a que se refere o nº 2 do mesmo artigo, entre as quais se conta a de *indicar os meios de prova e decidir sobre a admissão e a preparação das diligências probatórias*[93]*, requeridas pelas partes ou oficiosamente determinadas, salvo se alguma das partes, com fundadas razões, requerer a sua indicação ulterior, fixando-se logo prazo* [alínea *a)*][94].

Não sendo convocada audiência preliminar, o despacho saneador é proferido nos termos do art. 508-B, sendo a indicação das diligências probatórias realizada após a sua notificação às partes (art. 512, nº 1).

A *indicação* das diligências probatórias, na sequência da prolação do despacho saneador, formalmente no âmbito da condensação, constitui o elemento lógico de transição do processo para a fase da instrução, cujo objecto consiste na realização das diligências destinadas à *proposição*, *produção* e *incorporação* da prova no processo, e que terminará, segundo o esquema legal, com a inquirição das testemunhas (se a ela houver lugar),

---

93 Cfr. o art. 341 do CC: *as provas têm por função a demonstração da realidade dos factos.*
94 Cfr. Paulo PIMENTA, *A fase do saneamento do processo antes e após a vigência do novo Código de Processo Civil*, 240 e 241.

a realizar na audiência final, imediatamente antes de se iniciar a discussão sobre a matéria de facto [art. 652, n.º 3, *d)*, e n.º 4][95].

Do ponto de vista *cronológico*, a fase da instrução é, pois, o período da acção que se desenrola entre a *indicação probatória*, no caso do art. 508-B, ou o termo da audiência preliminar, no caso de a ela haver lugar, e a inquirição, na audiência final, da última testemunha[96]. Nela cabem todos os actos que, cronologicamente, devam praticar-se no período de tempo que decorre entre esses dois momentos.

Do ponto de vista lógico, porém, a instrução destina-se à realização dos actos processuais que permitirão a utilização em juízo dos diferentes meios de prova, devam ou não esses actos realizar-se na fase instrutória, entendida em sentido cronológico[97].

Assim, cumpre desde já salientar que a fase instrutória – entendida em sentido cronológico – não concentra (ou pode não concentrar) toda a actividade probatória desenvolvida no processo, o que significa que não existe uma coincidência necessária entre o conteúdo dessa fase entendida em sentido lógico e em sentido cronológico. Esta observação deve-se em grande medida, e por um lado, ao regime aplicável à prova documental[98], prova essa que deve realizar-se antes da referida *indicação probatória*, no decurso da fase dos articulados (art. 523, n.º 1). Mas deve-se também, por outro lado, à possibilidade de produção *antecipada* de prova testemunhal[99] ou pericial[100], prova essa que normalmente se requer, produz e incorpora no processo durante a fase da instrução em sentido cronológico[101].

---

[95] O preceituado no n.º 6 do art. 652 não constitui excepção ao que se refere no texto, porquanto a intervenção do *técnico* é de mera coadjuvação do tribunal quanto à averiguação e interpretação de factos observados por aquele em sede de inspecção judicial (art. 614º).

[96] Cfr., todavia, o art. 652, n.º 7.

[97] Cfr., entre outros, Teixeira de SOUSA, *Estudos sobre o novo processo civil*, 320 e 321; Isabel ALEXANDRE, "A fase da instrução no processo declarativo comum", *in Aspectos do novo processo civil*, 273.

[98] Cfr. o art. 362 do CC.

[99] Cfr. o art. 392 do CC.

[100] Cfr. o art. 388 do CC.

[101] Cfr. os arts. 520, 580 a 591, 612 a 615, 621 a 623 e 652, n.º 3, *c)*; o art. 520 continua, mesmo após a reforma de 1995/1996 a referir-se à prova pericial como *arbitramento*, ao qual, antes daquela reforma, se podiam encontrar referências expressas nos arts. 568, n.º 1, 570, n.º 1, 576, n.º 2, 609, n.os 2 e 3, 610 e 611; a expressão não cabe agora no novo regime da prova

Ao contrário do Código de Seabra, o Código Civil vigente não define a essência da prova, mas antes a sua função[102]. Com efeito, dispõe o art. 341 deste diploma que *as provas têm por função a demonstração da realidade dos factos*.

Deste preceito legal resulta desde logo inequívoco que o objecto da prova são *factos*, alegados em juízo ou fora dele[103]. Todavia, no que exclusivamente respeita à prova realizada em juízo, cabe salientar que essa afirmação revela apenas uma tendência geral. Assim, se em geral não compete às partes a prova da existência e conteúdo do direito aplicável ao caso em apreço, pressupondo-se que o juiz o conhece (*iura novit curia*) – competindo-lhe ainda a definição do direito aplicável e do seu alcance e conteúdo[104] –, não menos certo é que à parte que invocar direito *consuetudinário*, *local* ou *estrangeiro*, compete fazer a sua prova, isto é, a demonstração da existência da fonte e da regra que esta contém, muito embora o tribunal deva, oficiosamente, obter o respectivo conhecimento (art. 348 do CC).

O termo *prova* assume na terminologia técnico-jurídica e, mais precisamente, processualista, dois significados fundamentais: prova enquanto *actividade* desenvolvida pelas partes, pelo tribunal ou por terceiros, tendente à demonstração da realidade dos factos alegados em juízo (*actividade probatória*), e prova enquanto *meio* ou *instrumento* de demonstração da realidade desses factos[105]. No primeiro sentido, a *prova* – melhor

---

pericial (arts. 568 e ss.), pelo que também o art. 520 deveria ter constituído objecto de modificação.

[102] Cfr. o art. 2404 do Código Civil de 1867: "[p]rova é a demonstração dos factos alegados em juízo"; para a crítica desta noção legal, cfr. Vaz SERRA, "Provas", *in* BMJ, 110, 63 e ss.

[103] Resultado, aliás, confirmado pelo preceituado nos arts. 342 e 343, ambos do CC, e 513 do CPC. No plano doutrinário, cfr., entre outros, Isabel ALEXANDRE, "A fase da instrução no processo declarativo comum", *in Aspectos do novo processo civil*, 277 e ss.

[104] Cfr. o art. 664: na elaboração da sentença o juiz só pode servir-se dos factos articulados pelas partes [sem prejuízo da possibilidade de utilização de factos que não carecem de alegação nem de prova (factos notórios, factos de que o tribunal tem conhecimento por virtude do exercício das suas funções e factos instrumentais que resultem da instrução e discussão da causa; arts. 264, nº 2 e 514)], mas de modo algum se encontra vinculado às suas alegações no tocante à *indagação, interpretação e aplicação* do direito.

[105] Sobre o conceito jurídico de prova, cfr., entre outros, João de Castro MENDES, *Do conceito de prova em processo civil, passim*; CARNELUTTI, ob. cit., *passim*; Teixeira de SOUSA, *As partes, o objecto e a prova na acção declarativa*, 195; CONTE, *Le prove nel processo civile*, 9 e 10.

dizendo, *os modos de proposição, produção e assunção* das provas em juízo (os chamados *procedimentos probatórios*) – é objecto do *direito probatório formal*; no segundo, do *direito probatório material*[106-107].

A necessidade da prova dos factos alegados pelas partes prende-se, naturalmente, com o sucesso ou insucesso das pretensões processuais de cada uma delas. Assim, e como seria de esperar, o autor procurará convencer o julgador – destinatário da prova (*judicit fit probatio*) – da *realidade* das afirmações de facto que sustentam a sua pretensão, procurando o réu, por seu turno, demonstrar a inexistência desses factos, ou, não obstante o reconhecimento da sua *realidade*, procurará demonstrar a existência de circunstâncias impeditivas, modificativas ou extintivas que obstem à concessão da tutela requerida pelo autor. As partes têm, aliás, o ónus da demonstração da realidade dos factos alegados e favoráveis a cada uma delas, suportando os inconvenientes inerentes à não realização da prova desses factos, ou seja decaírem na sua pretensão processual[108-109].

Tal não significa, porém, que toda e qualquer iniciativa probatória resida exclusivamente na actividade das partes. Na realidade, se na decisão a proferir, o julgador se encontra *amarrado* ao princípio dispositivo, só podendo servir-se de factos alegados pelas partes[110], já no que respeita à actividade instrutória, isto é, à prova desses factos, impera o princípio inquisitório. O julgador pode realizar ou ordenar oficiosamente as diligências que considere necessárias para o apuramento da verdade, quanto aos factos de que pode conhecer[111].

Dissemos atrás que, tendencialmente, o objecto da *actividade probatória* realizada na fase da instrução (em sentido cronológico) consiste na

---

[106] Sobre a distinção, cfr. Vaz SERRA, ob. cit., 63 e 64.

[107] Muito embora, no âmbito do direito probatório material possam ainda identificar-se outros dois grandes núcleos normativos, para além das regras sobre a admissibilidade dos meios de prova, e que respeitam à força probatória dos meios de prova admitidos e ao ónus da prova.

[108] Cfr. os arts. 342 e ss. do CC e 516 do CPC.

[109] Sobre a prova e a sua função, cfr., entre outros, Castro MENDES, *Do conceito de prova em processo civil, passim*; CARNELUTTI, ob. cit., 11 e ss.; ANDRIOLI, "Prova. Diritto processuale civile", *in* NssDI, XIV, 260 e ss.

[110] Cfr. a n. 104.

[111] Cfr. os arts. 535, nº 1, 579 e 612, nº 1.

FASE INSTRUTÓRIA E PROCEDIMENTOS PROBATÓRIOS. PROVA DOCUMENTAL

demonstração da realidade dos *factos* alegados pelas partes. Deve, contudo, referir-se que não se trata de todos os factos alegados, mas apenas, de entre eles, *os que relevem para a decisão da causa* (art. 511, nº 1), *constantes da base instrutória* (arts. 511, nº 1, e 513)[112] e *não notórios* (art. 514, nº 1). E, para efectuar essa demonstração, pode usar-se dos meios de prova legalmente admissíveis, nos termos dos arts. 349 e ss. do CC.

3. Procedimentos probatórios e prova documental

Segundo a lição de Manuel de ANDRADE[113], os *procedimentos probatórios* podem definir-se como "[...] os esquemas dos actos processuais relativos à utilização dos diversos meios de prova", comportando a sua estrutura quatro momentos típicos:

a) a *proposição* da prova, isto é o oferecimento do meio de prova pela parte e o requerimento da sua admissão ou produção no processo;

b) a *admissão* da prova, que consiste no deferimento, pelo juiz, da prova proposta;

c) a *produção*, *administração* ou *execução* da prova, ou seja, a formação de uma prova constituenda; e,

d) a *assunção* da prova, o derradeiro momento dos procedimentos probatórios, traduzido na incorporação no processo do meio de prova oferecido ou proposto e produzido.

O regime normal do oferecimento, produção e assunção das provas é o da concentração de todos esses actos na fase instrutória do processo.

No processo declarativo comum ordinário, a proposição e o requerimento de admissão ou produção de meios de prova devem ser realizados na audiência preliminar, se a ela houver lugar, ou no prazo que vier a ser concedido à parte que o requerer, ou ainda nos cinco dias subsequentes à realização da audiência, quanto aos mandatários que a ela não houveram comparecido [art. 508-A, nº 2, *a)*, e nº 4, segunda parte]; não havendo

---

[112] Ou seja, factos cuja *realidade* não foi demonstrada na fase processual anterior, e que, portanto, relevando para a decisão da causa, não constam da matéria de facto considerada como assente [art. 508, nº 1, *e)*].

[113] Ob. cit., 221.

lugar à audiência (art. 508-B), o prazo concedido às partes para o efeito é de quinze dias, contados da notificação do despacho saneador (art. 512, nº 1)[114]; os prazos referidos são peremptórios e só prorrogáveis mediante acordo das partes e por uma única vez (arts. 145, n.os 1 e 3 e 147)[115].

Significa isto que as provas cuja assunção processual depende de *proposição e requerimento de admissão* pelas partes estão sujeitas a um *princípio de preclusão*, que impede a sua proposição, requerimento, admissão e assunção realizada que esteja a audiência preparatória ou decorridos os prazos referidos (e para os casos especialmente contemplados), ou a prorrogação acordada pelas partes[116].

A prova documental obedece, porém, a um regime próprio, de maior simplicidade e maleabilidade, concentrando-se na fase dos articulados os procedimentos probatórios respectivos[117].

Nos termos do 523, nº 1, os documentos *destinados a fazer prova dos fundamentos da acção ou da defesa* devem ser apresentados com o articulado em que se aleguem os factos correspondentes. Devem, pois, os documentos ser anexados ao articulado em que se alegam os factos que a parte se propõe com eles provar; a *anexação* do documento ao articulado concentra, quanto a este meio de prova, todos os procedimentos probatórios (proposição, admissão e assunção da prova).

Lê-se no art. 150, nº 1, que *os actos processuais que devam ser praticados por escrito pelas partes são apresentados a juízo preferencialmente por transmissão electrónica de dados,* nos termos da portaria a que se refere o art. 138-A, para a qual se remete a regulação da tramitação electrónica dos processos[118].

---

[114] Note-se, todavia, que em qualquer um dos casos referidos no texto, as partes não estão inibidas de formular requerimentos probatórios nos respectivos articulados (cfr., *v.g.*, os arts. 467, nº 2, e 512, nº 1).

[115] Sobre a contagem do prazo, cfr. o art. 144, nº 1. Quanto à contagem do prazo referido no art. 512, nº 1, é ainda relevante a consideração do disposto nos arts. 253, nº 1, e 254, n.os 2, 3 e 5.

[116] Cfr., todavia, o art. 512-A, nº 1, quanto à prova testemunhal.

[117] Sobre a noção de documento e sobre a prova documental, cfr., entre outros, LUZZATTO, "Documento. Diritto romano", *in* NssDI, VI, 84 e 85; CARNELUTTI, "Documento. Teoria moderna", NssDI, VI, 85 e ss.

[118] Cfr. a Portaria nº 114/2008, de 6 de Fevereiro, que regula vários aspectos da tramitação electrónica dos processos judiciais nos tribunais de primeira instância, designadamente a apresentação em juízo de peças processuais e documentos por transmissão electrónica de dados.

A parte que pratique o acto processual por transmissão electrónica de dados deve realizar por essa forma a entrega da peça e os documentos que, nos termos do art. 523, n.º 1, a devam acompanhar (art. 150, n.º 3). Fora da *preferência* da lei estão os actos processuais apresentados em juízo no *suporte* tradicional, o papel, a que se refere o n.º 2 do art. 150, e que, por isso mesmo, são digitalizados pela secretaria (art. 150, n.º 9). Serve isto o propósito de afirmar que a *anexação* do documento ao articulado respectivo, determinado no n.º 1 do art. 523 – *devem ser apresentados com o articulado...* –, tem um significado imaterial ou material, consoante a peça processual seja praticada, respectivamente, por transmissão electrónica de dados ou em papel[119].

A *ratio* da regra do n.º 1 do art. 523, como é bom de ver, reside, antes de mais, no *princípio da audiência contraditória* na instrução do processo (art. 517), cuja execução, neste âmbito, é garantida pela *entrega* à(s) parte(s) contrária(s) de cópias do documento – em papel ou por transmissão electrónica de dados, nos termos dos n.os 2 e 8 do art. 152 – e pela possibilidade de que esta(s) goza(m) de impugnar, no articulado subsequente (se o houver), quer a admissibilidade quer a genuinidade do mesmo (arts. 517, n.º 2, e 544, n.os 1 e 2), bem como proceder à ilisão da respectiva autenticidade ou da força probatória (art. 546). Não havendo articulado subsequente, é aplicável o disposto no art. 526: sendo o documento oferecido com o último articulado, a sua apresentação é *notificada* à parte contra a qual é apresentado, o mesmo sucedendo quando for oferecido depois do último articulado. Tal notificação não ocorrerá, contudo, se a parte a quem deva ser notificado o oferecimento esteja presente ou o documento for oferecido com alegações que admitam resposta.

3.1. Apresentação de documentos em juízo
Dissemos atrás que os documentos destinados a fazer *prova dos fundamentos da acção ou da defesa* devem ser apresentados com o articulado em que se aleguem os factos correspondentes (art. 523, n.º 1). Todavia, e verificadas certas condições, vem a lei permitir a sua junção após esse primeiro momento. É o que se verifica nas hipóteses dos artigos 523, n.º 2, e

---

[119] Nos termos da Portaria n.º 114/2008, a apresentação em juízo de peças processuais e documentos por transmissão electrónica de dados é efectuada através do sistema informático CITIUS, devendo os mesmos ter o formato *portable document format* (pdf).

DOCUMENTO E RECURSO CÍVEL

524, nº 1; se o disposto no primeiro não é apto a suscitar dúvidas sobre quais os documentos que constituem o seu objecto, já no que respeita ao segundo, a conclusão de que se trata aí de *documentos destinados a fazer prova dos fundamentos da acção ou da defesa* resulta, por um lado, da conexão próxima com o conjunto das regras do art. 523, e, por outro lado, do auxílio interpretativo da epígrafe do próprio art. 524 (*apresentação em momento posterior*).

Mas, à apresentação de documentos em juízo refere-se também o art. 524, nº 2, embora já se não trate aqui de documentos *destinados a fazer prova dos fundamentos da acção ou da defesa.*

A análise do regime da junção de documentos em juízo carece, pois, de uma operação prévia de distinção entre dois tipos de documentos, residindo o critério distintivo na finalidade visada com a sua apresentação: aqueles que se destinam *a fazer prova dos fundamentos da acção ou da defesa* (a estes se referem os arts. 523 e 524, nº 1), por um lado, e, por outro lado, aqueles que se destinam *a provar factos verificados após o momento de apresentação dos articulados ou cuja apresentação se tenha tornado necessária em virtude de ocorrência posterior* (aos articulados); a estes se reporta o art. 524, nº 2.

Por agora vamos centrar-nos essencialmente na análise da apresentação em juízo dos documentos que pertencem ao primeiro grupo, remetendo para final a análise do regime da apresentação dos documentos a que se refere o nº 2 do art. 524.

3.1.1. Documentos destinados a fazer prova dos fundamentos da acção ou da defesa

No regime da apresentação de documentos que se destinam a fazer prova *dos factos que servem de fundamento à acção ou à defesa* podem distinguir-se *três momentos típicos*:

a) o momento da *apresentação do articulado em que se aleguem os factos que o documento se destina a provar* (este é, por assim dizer, o *momento-regra* da sua apresentação; art. 523, nº 1[120])[121-122];

---

[120] Cfr. Alberto dos REIS, ob. cit., IV, 7: "[a] exigência da junção de documentos com os articulados não tem natureza dum *dever jurídico*; é um *ónus* ou encargo. [...] A parte, deixando de juntar os documentos, não pratica acto, ou melhor, omissão *ilícita*, que deva ter como conse-

FASE INSTRUTÓRIA E PROCEDIMENTOS PROBATÓRIOS. PROVA DOCUMENTAL

b) não sendo apresentados os documentos no *momento-regra*, pode ainda a parte que deles pretende fazer uso apresentá-los até ao *encerramento da discussão em primeira instância* [e aqui, de duas uma, ou o apresentante faz prova de que não pôde apresentá-los no *momento-regra*, e então não sofrerá quaisquer consequências desfavoráveis; ou não faz essa prova, e será condenado em multa (art. 523, nº 2)][123];

quência a imposição duma pena, como a multa, ou duma indemnização à parte contrária; o que sucede, em tal caso, é que a parte não se desonera do ónus que sobre ela pesava e a sanção adequada a essa espécie de falta é ficar ela colocada no processo em situação de inferioridade [...], a que deveria corresponder a perda do direito de juntar os documentos" – mas a que corresponde, na realidade a multa devida pela junção tardia, se a houver, e com as assinaladas excepções do art. 523, nº 2, última parte; contra, sustentando tratar-se de um verdadeiro *dever jurídico*, Antunes VARELA, Anotação ao Ac. do STJ, de 9 de Dezembro de 1980, *in* RLJ, 1982/1983, 93.

[121] Cfr. Alberto dos REIS, *Breve estudo sobre a reforma do processo civil e comercial*, 252: "[q]uando num articulado se menciona expressamente um documento, este fica a fazer *parte integrante* do articulado. Para que a parte contrária possa compreender devidamente o articulado e responder-lhe, se ainda é admissível resposta, é indispensável que se junte logo o documento; se não se juntar, produz-se uma peça incompleta e coloca-se o adversário em condições de não poder tomar posição nítida e consciente quanto aos factos alegados".

[122] Cfr. Alberto dos REIS, *Código de Processo Civil Anotado*, IV, 11: "[...] o autor tem de juntar com a petição inicial os documentos destinados a fazer prova dos factos a que se refere o nº 4º do art. 480º [art. 467º do vigente CPC], o réu tem de juntar com a contestação os documentos com os quais se propõe provar os factos a que alude o art. 492º [art. 488 do vigente CPC]. Se houver réplica e tréplica, autor e réu têm de oferecer com esses articulados os documentos comprovativos dos factos *novos* trazidos ao pleito por uma e outra peça. Sublinhamos a palavra 'novos' para significar que não é lícito ao autor oferecer com a réplica documentos relativos a factos já narrados na petição inicial, como não é lícito ao réu juntar com a tréplica documentos relativos a factos já articulados na contestação; pouco importa que o autor e o réu reproduzam esses factos na réplica e na tréplica. Desde que determinado facto foi alegado na petição inicial como fundamento da acção, o autor, querendo prová-lo por documento, tem de juntar este imediatamente. Entende-se que o documento é, neste caso, complemento necessário da petição inicial, faz parte integrante dela e deve, por isso, acompanhá-la. O mesmo a respeito de facto exposto na contestação como fundamento da defesa. Suponhamos que o autor repete o facto na réplica ou o réu repete-o na tréplica; nem por isso fica com o direito de juntar o documento ao abrigo da 1ª alínea do art. 550º [art. 523, nº 1, do vigente CPC, o que então tem de aplicar-se é o disposto na 2.ª alínea do art. 550º [art. 523, nº 2, do vigente CPC]".

[123] *Idem*, 7 e 11: "[n]o projecto [do Código de Processo Civil de 1939] estabelecia-se, como sanção, que os documentos não seriam recebidos ulteriormente, caso não fossem juntos com os articulados; era a doutrina do art. 209º do Código de 1876. Manuel Rodrigues opôs-se. Esta sanção, observava ele, contraria o princípio de que o juiz deve julgar segundo a verdade, e não se compreende em face do art. 471º (555º do Cód.) [art. 535 do vigente CPC]. O juiz

DOCUMENTO E RECURSO CÍVEL

c) depois do encerramento da discussão em primeira instância é ainda admissível a *junção em recurso* de documentos cuja apresentação não tenha sido possível até aquele momento (art. 524, nº 1).

3.1.1.1. Apresentação em primeira instância

Do que acaba de dizer-se resulta desde já um dado muito claro: a não apresentação do documento com o articulado em que se aleguem os factos correspondentes (no *momento-regra*) não tem eficácia preclusiva do direito de o juntar em momento ulterior, dentro dos limites admitidos.

Na primeira instância, a possibilidade de junção de documentos que se destinam a servir de meios de prova dos factos alegados como fundamentos da acção ou da defesa é cronologicamente delimitada entre o momento da apresentação do articulado em que se aleguem os factos correspondentes e o do encerramento da discussão.

Decorrido, porém, o primeiro momento, a parte que desses documentos pretender fazer uso sujeita-se ao pagamento da multa devida pela *junção tardia*, a menos que demonstre a impossibilidade de os haver junto no *momento-regra*.

Essa impossibilidade pode ocorrer nas seguintes situações:

a) o documento ainda não se tinha formado à data do termo do prazo para a apresentação do articulado respectivo (impossibilidade objectiva)[124];

b) o documento já existia à data da apresentação do articulado respectivo, mas a parte desconhecia a sua existência (impossibilidade subjectiva);

c) o documento já existia na data referida na antecedente alínea a) e a parte tinha conhecimento dessa existência, mas não pôde dispor dele para o juntar ao articulado respectivo[125].

---

pode requisitar documentos e pode requisitá-los às partes; os documentos requisitados podem ser precisamente os que a parte devia ter oferecido com os articulados. De modo que se a sanção actual, pode levar a decisão injusta; se não actua, não serve de nada. [...] A sanção deverá ser outra, concluía Manuel Rodrigues: multa no caso de malícia ou negligência, e porventura indemnização à parte contrária quando esta fizer seguir o processo simplesmente por desconhecer a existência dos documentos".

[124] Caso que se verificará com maior nitidez e frequência em relação a *documentos autênticos* (cfr. o art. 363, nº 2, do CC).

[125] Estas mesmas três situações são individualizadas por Alberto dos REIS, *Breve estudo sobre a reforma do processo civil e comercial*, 256, e *Código de Processo Civil Anotado*, IV, 11, e Antunes VARELA, ob. cit., 531.

É preciso dizer, contudo, que nem toda e qualquer das situações individualizadas pode representar uma verdadeira impossibilidade de junção do documento com o articulado respectivo, isentando assim o apresentante da multa, se juntar o documento antes do encerramento da discussão.

Senão vejamos: no que respeita à primeira hipótese, com a impossibilidade assinalada tem-se em vista, sobretudo, os documentos que devem juntar-se com a contestação e os articulados subsequentes (se a eles houver lugar[126]), pois será nestes que, com maior frequência, poderá qualquer das partes necessitar da produção de um documento determinado, produção essa que pode não ser compatível com o cumprimento dos prazos para apresentação dos articulados referidos. Mas outras situações existirão, certamente, em que o apresentante podia efectivamente ter obtido o documento – diligenciando no sentido da sua produção –, a fim de o juntar ao articulado respectivo. Esta situação será facilmente verificável no que respeita ao autor e à prova documental dos factos articulados na petição inicial. Fazendo uso de uma máxima popular, sempre poderá dizer-se que *quem vai para o mar, prepara-se em terra*.

Todavia, e como bem observa Alberto dos REIS, "[...] há casos em que o autor se vê forçado a ir para juízo antes de estar convenientemente apetrechado; são os casos em que a acção está sujeita a limite de prazo (casos de caducidade do direito de accionar) ou em que o direito substancial corre risco de se extinguir por prescrição ou por outro motivo, ou em que há o perigo de ficarem sem efeito providências cautelares que hajam sido decretadas [...]. Mesmo fora destes casos extremos, o autor pode ter razões sérias de conveniência para dar início à lide antes de ter em seu poder todos os documentos de que carece"[127]. Concluindo, depois, por um critério razoável: "[a] imposição de multa só tem justificação quando haja razões para crer que foi por *malícia* ou por *negligência* que a parte deixou de juntar o documento com o articulado. Por malícia, para ocultar da parte contrária o documento respectivo; por negligência, isto é, por simples falta de atenção ao preceito exarado [...]"[128].

---

[126] Cfr. os arts. 502, n.os 1 e 2, 503, nº 1, e 506, nº 1.

[127] *Código de Processo Civil Anotado*, IV, 12.

[128] *Idem*.

O que se disse a propósito da primeira situação de impossibilidade de apresentação do documento serve, de alguma maneira, para analisar a segunda. Também aí, se a parte desconhecia a sua existência à data em que apresentou o articulado em que alega os factos que pretende (mais tarde) provar com o documento, mas se podia, usando de normal diligência, ter obtido esse conhecimento ou o próprio documento, não deve beneficiar da isenção de multa permitida pelo nº 2 do art. 523.

Mais complexa, contudo, se apresenta a delimitação das situações do terceiro tipo. Se é certo que a indisponibilidade do documento ao tempo em que devia ser apresentado o articulado respectivo representa uma *real impossibilidade* de o juntar, também é certo que essa indisponibilidade pode resultar de três situações de facto:

a) o documento estava em poder da parte contrária;
b) o documento estava em poder de terceiro;
c) era desconhecido o paradeiro do documento.

Ora, nas duas primeiras situações, sempre poderia a parte que pretendesse fazer uso do documento em poder da parte contrária ou de terceiro, e para assim afastar a sua própria indisponibilidade sobre o mesmo, socorrer-se, no momento da entrega do articulado correspondente, dos meios que lhe são facultados pelos arts. 528 e 531.

É certo que, mesmo usando desses meios, poderão atingir-se situações em que o requerente acabará por continuar a não poder utilizar o documento em seu proveito, ainda que o tribunal ordene a notificação para a sua junção[129], mas, se porventura vier a dispor dele antes do encerramento da discussão e o pretender juntar, alegando a prévia indisponibilidade para evitar a condenação em multa, parece-nos que só deverá deixar de ser nela condenado se, tempestivamente, tiver usado dos meios facultados nesses preceitos legais.

Solução paralela, parece-nos, deve ser encontrada para a terceira situação de indisponibilidade, em razão dos meios facultados nos arts. 1069, 1072 e 1073; concretizando, em situação idêntica às anteriores, a parte que, posteriormente à apresentação do articulado respectivo pretenda fazer uso de documento cujo paradeiro era então desconhecido,

---

[129] Cfr. os arts. 528, nº 2, 529, 533 e 519, nº 2.

FASE INSTRUTÓRIA E PROCEDIMENTOS PROBATÓRIOS. PROVA DOCUMENTAL

mas que antes de encerrada a discussão veio a conhecer-se, deve usar desse meio (reforma do documento) antes de proposta a acção ou no seu decurso, se pretender evitar a condenação em multa por apresentação tardia.

Analisadas as situações que podem integrar a impossibilidade de junção dos documentos, a que se refere o nº 2 do art. 523 – e, portanto, legitimar plenamente a sua junção até ao encerramento da discussão –, cabe agora esclarecer dois aspectos complementares.

O primeiro prende-se com a rigorosa determinação do que pode entender-se por *encerramento da discussão* para efeitos do disposto nos arts. 523, nº 2, e 524, nº 1. É que a fase da discussão da causa comporta, na realidade, dois momentos, sucessivos e cronologicamente distintos: um primeiro momento, de *discussão da matéria de facto* [art. 652, nº 3, *e*), e nº 5], necessariamente oral, e, um segundo momento, de *discussão do aspecto jurídico da causa* (arts. 653, nº 5, e 657). Entre ambos medeia o *julgamento da matéria de facto* (art. 653, n.os 1 a 4).

Numa primeira abordagem da questão, e à falta de expressa disposição legal que limite a possibilidade de apresentação de documentos, admitida no art. 523, nº 2, *ao encerramento da discussão da matéria de facto –* cujo termo é normalmente marcado pela última das réplicas dos advogados, se as houver [a que se refere a alínea *e*) do nº 3 do art. 652][130] –, pareceria não existir razão bastante para sustentar tal entendimento. E, a reforçá-lo, sempre poderia invocar-se o disposto no art. 663, nº 1, no qual se preceitua que a sentença deve *tomar em consideração os factos constitutivos, modificativos ou extintivos do direito que se produzam posteriormente à propositura da acção, de modo a que a decisão corresponda à situação existente no momento do encerramento da discussão.*

A *ratio* do art. 663 é clara: trata-se de garantir que a sentença seja, tanto quanto possível, reflexo da verdade material, instrumento decisório esclarecido sobre toda a extensão da realidade dos factos relevantes. Ora, a sua colocação sistemática, sobretudo se confrontada com o disposto no art. 658, indicia que o mesmo se refere *ao encerramento da discussão do aspecto jurídico da causa.* E, assim sendo, se essa finalidade deveria levar o julgador a tomar em consideração a realidade dos factos que se

---

[130] Cfr. o art. 652, nº 6.

DOCUMENTO E RECURSO CÍVEL

produzissem posteriormente à propositura da acção, de modo a que a decisão fosse ponderada com base na factualidade determinada *no momento do encerramento da discussão do aspecto jurídico da causa*, por maioria de razão também a busca dessa verdade material deveria, obviamente, levar em conta a realidade dos factos relevantes para a decisão que se invocassem como fundamentos da acção ou da defesa, isto é, os factos a que se referem os documentos do art. 523, nº 1.

A solução é, todavia, bem outra. É que, se com a junção de documentos se visa demonstrar a *realidade de factos*, não se compreenderia que tal junção fosse admitida após a decisão sobre a matéria de facto (art. 653). Aliás, é sobre a factualidade já assente que incidem a discussão do aspecto jurídico da causa e a sentença (arts. 653, nº 5, *in fine*, 657, nº 1, *in fine*, e 659, n.os 2 e 3).

Assim sendo, o encerramento da discussão, a que se refere o art. 523, nº 2, deve entender-se como o *encerramento da discussão da matéria de facto*[131]. Não vemos que possa atribuir-se valor decisivo ao argumento sistemático atrás referido, a propósito do art. 663, nº 1; muito pelo contrário, também nesse preceito o entendimento de semelhante expressão deve ser idêntico.

O segundo aspecto a esclarecer é o de que o encerramento da discussão da matéria de facto é, portanto, preclusivo da possibilidade de apresentação de documentos destinados a fazer prova dos fundamentos da acção ou da defesa em primeira instância. Significa isto que o apresentante não mais goza, a partir desse momento, do direito de os apresentar.

Ora, existindo apresentação extemporânea desses documentos, qual deverá ser a solução a adoptar? Deverá o juiz, oficiosamente, ordenar o seu desentranhamento do processo, ou só deverá fazê-lo a requerimento da parte contrária?

A lei não fornece uma resposta clara à questão. Por um lado, no art. 542, nº 1, segunda parte, dispõe-se que, se os documentos forem *manifestamente extemporâneos*, deve a secretaria fazer os autos conclusos e o juiz decidir sobre a junção, isto é da sua admissibilidade legal.

Ora, quer-nos parecer que a apresentação dos documentos a que se refere o art. 523 só será *manifestamente extemporânea* quando se verificar

---

[131] Será, pois, ao *encerramento da discussão da matéria de facto* que nos referiremos quando, adiante, fizermos simplesmente referência ao *encerramento da discussão*.

52

FASE INSTRUTÓRIA E PROCEDIMENTOS PROBATÓRIOS. PROVA DOCUMENTAL

após o encerramento da discussão da matéria de facto [pois que até aí sempre poderiam apresentar-se, ainda que mediante a imposição de multa (art. 523º, nº 2[132])].

Mas, por outro lado, logo o art. 543, nº 1, refere que, se o juiz verificar que os documentos são *impertinentes* ou *desnecessários*, mandará retirá-los do processo, sem contudo fazer qualquer referência aos documentos *extemporâneos*.

Ora, na epígrafe do art. 543 pode ler-se "[d]ocumentos indevidamente recebidos ou tardiamente apresentados", sendo que há uma enorme diferença entre a *apresentação tardia* do documento e a sua *apresentação extemporânea*. Há apresentação tardia sempre que o documento (destinado a fazer prova dos fundamentos da acção ou da defesa) é apresentado após a dedução do articulado em que se aleguem os factos correspondentes, não existindo para tal atraso justificação bastante. Há apresentação extemporânea *em primeira instância* sempre que esse documento seja apresentado após o encerramento da discussão. No nosso entender, a expressão *documentos tardiamente apresentados*, constante dessa epígrafe, não pode estender-se aos *documentos extemporaneamente apresentados*, apesar da conexão próxima entre o disposto nos arts. 542 e 543. É que a verificação da *impertinência* ou *desnecessidade*, referidas na parte final do nº 1 do art. 543 implica a hipótese inversa, ou seja, que, verificada a *pertinência* ou *necessidade*, decida o juiz que os documentos fiquem nos autos. Ora, tendo em conta o que atrás se disse quanto ao momento preclusivo da junção de documentos em primeira instância, não pode sustentar-se, quanto aos documentos extemporaneamente apresentados, a sua pertinência ou necessidade, pelo que a solução contida na parte final do nº 1 do art. 543 se impõe, por maioria de razão; tais documentos devem ser oficiosamente mandados retirar do processo[133].

---

[132] Não obstante este aspecto, a redacção do art. 542 é manifestamente defeituosa, pois que, referindo-se a sua primeira parte aos documentos e pareceres apresentados *para esse efeito*, não se compreende que efeito é esse (nem mesmo com apelo ao elemento interpretativo lógico-sistemático da conexão próxima). De qualquer modo, o efeito visado só pode ser um dos referidos nos arts. 523, nº 1, e 524, nº 1.

[133] Nesse sentido, cfr. o Ac. do STJ, de 21 de Novembro de 1958 – a propósito do art. 556 do Código de Processo Civil de 1939 – , *in* BMJ, 81, 383; contra, Ac. do STJ de 16 de Dezembro de 1960, *in* BMJ, 102, 319.

3.1.1.2. Apresentação em recurso

Como já atrás tivemos ocasião de referir, a lei define um terceiro momento para a apresentação dos documentos destinados a fazer prova dos fundamentos da acção ou da defesa.

Essa apresentação, *já após o encerramento da discussão em primeira instância*, é condicionada:

a) à existência de recurso da decisão final;

b) à demonstração de não ter sido a apresentação possível até ao encerramento da discussão em primeira instância.

Compreende-se a solução legal. Proferida a decisão, e não sendo dela interposto recurso ordinário, forma-se um caso julgado material que, tendencialmente, fixa o direito no caso concreto[134].

Pode a factualidade em que a sentença se baseia não ser o espelho fiel da verdade material, ou pode mesmo estar inquinada de erro na aplicação do direito, mas, ainda assim, logo que transite em julgado, tornar-se-á tendencialmente inquestionável. É a segurança a sobrepor-se à justiça[135].

O que acaba de dizer-se não é, contudo, revelador de uma tomada de posição quanto à delimitação do âmbito da regra do art. 524, nº 1, no sentido de o reduzir aos recursos ordinários. Que o preceito tem, indiscutivelmente, aplicação aos recursos ordinários *e* extraordinários é desde logo demonstrado pelo que se dispõe no art. 771, *c)*, quanto ao recurso extraordinário de revisão, como melhor se analisará adiante. Reconheça-se, contudo, e desde já, que a função atribuída ao documento que se junta em recurso é diferente consoante se trate de recurso ordinário ou do recurso extraordinário de revisão. É que, enquanto no primeiro caso o documento continuará apenas a ser um meio de prova dos factos que servem de fundamento à acção ou à defesa (pelo menos na hipótese do art. 524, nº 1), no segundo caso o documento é muito

---

[134] E dizemos *tendencialmente* porque, mesmo transitada em julgado, a certeza e a segurança a que tende essa decisão podem ainda ser questionadas mediante recurso extraordinário, desde que estejam reunidas as condições necessárias para o instaurar (cfr. os arts. 763, 764, 771 e 772).

[135] Cfr. Oliveira ASCENSÃO, ob. cit., 614 e ss.

FASE INSTRUTÓRIA E PROCEDIMENTOS PROBATÓRIOS. PROVA DOCUMENTAL

mais do que isso: é uma das condições *sine qua non*, determinante da admissibilidade do recurso.

Um outro aspecto a salientar desde já é o de que nem todos os recursos ordinários e extraordinários encontram enquadramento na hipótese do art. 524, n.º 1.

Com efeito, esse preceito legal carece de complementação quanto à *tempestividade* da apresentação dos documentos, depois de interposto recurso ou na sua interposição. Essa complementação é fornecida pelo disposto nos arts. 693-B, 727 e 771, n.º 1, *c*), respectivamente quanto aos recursos (ordinários) de apelação e de revista e (extraordinário) de revisão. No quadro dos recursos extraordinários, fica excluído do âmbito do art. 524, n.º 1, o recurso para uniformização de jurisprudência (arts. 763 e ss.).

Cabe agora analisar, isoladamente, a admissibilidade da junção de documentos nos casos já indicados, quanto aos recursos ordinários: apelação e revista; a junção em recurso extraordinário de revisão, pelas especialidades que apresenta, será objecto de tratamento autónomo.

Antes, porém, de empreender aquela análise, torna-se necessário destacar um aspecto assaz relevante. É que, como já atrás foi referido, a admissibilidade da junção de documentos (destinados a fazer prova dos fundamentos da acção ou defesa) em recurso é subordinada à demonstração da impossibilidade dessa apresentação até ao encerramento da discussão em primeira instância. Não ficando essa impossibilidade demonstrada, o encerramento da discussão é preclusivo da possibilidade de junção desses documentos em recurso.

3.1.1.2.1. Apelação
I – À junção de documentos em recurso de apelação refere-se o art. 693-B, que, aditado ao CPC pela reforma de 2007 (DL n.º 303/2007, de 24 de Agosto), substitui, com alterações, a regra anteriormente contida no n.º 1 do art. 706, revogado no âmbito dessa reforma.

O art. 693-B determina que as partes apenas podem juntar documentos às alegações de recurso: (i) nas situações excepcionais a que se refere o art. 524; (ii) no caso de a junção apenas se ter tornado necessária em virtude do julgamento proferido na primeira instância, e, (iii) nos casos previstos nas alíneas *a*) a *g*) e *i*) a *n*) do n.º 2 do art. 691.

Como se referiu, o teor literal do art. 693-B e do n.º 1 do revogado art. 706 não é exactamente idêntico. Na verdade, deste último preceito legal constava que "[a]s partes podem juntar documentos às alegações [...] no caso de a junção apenas se tornar necessária em virtude do julgamento proferido na 1.ª instância"; o vocábulo *apenas* surgia na lei exclusivamente referido a uma junção documental tornada necessária em virtude do julgamento proferido na 1.ª instância. Tal não é o que sucede no art. 693-B: o vocábulo *apenas* surge aí reportado à junção de documentos com as alegações de recurso (*as partes apenas podem juntar documentos às alegações*), e, portanto, às três situações elencadas: (i) as do art. 524; (ii) aquelas em que a junção se tornou necessária em virtude do julgamento proferido na primeira instância, e, (iii) os casos previsto nas alíneas *a)* a *g)* e *i)* a *n)* do n.º 2 do art. 691.

No domínio da junção de documentos em recurso de apelação, registe-se, para além do disposto no art. 693-B, a regra do art. 712, n.º 1, *c)*, que, estando já presente no CPC antes da reforma de 2007, permite ao Tribunal da Relação alterar a decisão da primeira instância sobre a matéria de facto se *o recorrente apresentar documento novo superveniente e que, por si só, seja suficiente para destruir a prova em que a decisão assentou*. Trata-se, na configuração processual posterior à reforma de 2007, da primeira referência do CPC a *documento superveniente*, diversamente do que sucedia no direito pretérito, em que surgia no n.º 2 do art. 706, no conjunto do regime da junção de documentos em recurso de apelação (*os documentos supervenientes podem ser juntos até se iniciarem os vistos aos juízes*), na sequência da norma que corresponde agora, *grosso modo*, à do art. 693-B.

II – Os dois primeiros *casos* constantes do art. 693-B compareciam já no n.º 1 do revogado art. 706, passem as ligeiras alterações de redacção, que, todavia, e como será adiante assinalado, não são menosprezáveis. O terceiro *caso* – melhor: *grupo de casos* – constitui efeito reflexo da absorção, no âmbito do recurso de apelação, do antigo agravo na primeira instância[136].

O primeiro dos *casos* expressos no art. 693-B revela, desde logo, um elemento perturbador: remete-se aí para as *situações excepcionais a que se refere o art. 524*. Ora, perante isto, perguntar-se-á: abrangendo o art. 524 três *situações* de junção [(i) documentos cuja apresentação não tenha

---

[136] *Supra*, I, 2.

FASE INSTRUTÓRIA E PROCEDIMENTOS PROBATÓRIOS. PROVA DOCUMENTAL

sido possível até ao encerramento da discussão; (ii) documentos destinados a provar factos posteriores aos articulados; (iii) documentos cuja apresentação se tenha tornado necessária em virtude de ocorrência posterior aos articulados], podem considerar-se todas incluídas no âmbito da remissão? Na primeira edição do presente estudo considerámos que, em princípio, não haveria razão para concluir por uma interpretação restritiva, muito embora uma interpretação declarativa fosse depois objecto de solução materialmente incompatível, no tratamento da junção de documentos destinados a provar factos posteriores aos articulados; cremos, assim, que tal opinião deve ser objecto de revisão crítica. Na verdade – e conforme adiante se concluirá, a regra do nº 2 do art. 524, no segmento reportado à junção de documentos destinados a provar factos posteriores aos articulados, só permite a junção em primeira instância e apenas até ao encerramento da discussão, o que é consequência do regime do articulado superveniente[137] –, o segmento da norma reportado à junção *que se tornou necessária em virtude de ocorrência posterior é geral* relativamente à norma da segunda parte do art. 693-B (*no caso de a junção se ter tornado necessária em virtude do julgamento proferido na 1.ª instância*), que, por ser especial relativamente à primeira, prevalece quanto à junção de documentos em recurso de apelação. Há que concluir, assim, que a norma do art. 693-B, na parte em que remete para o art. 524, se limita a *espelhar* sectorialmente a norma do nº 1 deste artigo.

III – A análise especificada do regime da junção de documentos destinados a fazer prova dos fundamentos da acção ou da defesa, em recurso de apelação, não dispensa, contudo, uma prévia e global apreciação da real eficácia dessa junção. Se é certo que a junção de documentos, nesta sede, tem por finalidade essencial a alteração da decisão do tribunal de primeira instância sobre a matéria de facto, não menos certo é que o Tribunal da Relação só pode modificá-la nos termos do art. 712, nº 1. Deve, pois, este preceito servir de horizonte à junção destes documentos em recurso de apelação, determinando-se a partir dele a sua eficácia prática.

---

[137] *Infra*, 3.1.2.

IV – Em recurso de apelação, o único momento admitido para a junção de documentos *destinados a fazer prova dos fundamentos da acção ou da defesa* é o do *oferecimento das alegações* (art. 693-B).

Essa junção só será admissível, contudo, se o apresentante fizer prova de que os não pôde juntar ao processo até ao encerramento da discussão em primeira instância. A análise dessa impossibilidade deve realizar-se nos termos atrás expostos, muito embora se reporte agora *ao termo do encerramento da discussão em primeira instância* e não ao momento da apresentação do articulado em que se aleguem os factos correspondentes[138]. Trata-se agora de admitir a junção às alegações de recurso de documentos que se não tinham formado até ao encerramento da discussão em primeira instância ou cuja existência a parte desconhecia nessa data ou, não a desconhecendo, não pôde dispor deles para os apresentar.

3.1.1.2.2. Revista

Relativamente à apresentação de documentos em recurso de revista, dispõe o art. 727 que com as alegações de recurso podem juntar-se documentos *supervenientes*, sem prejuízo do disposto no nº 3 do art. 722 e no nº 2 do art. 729.

Na configuração tipológica dos recursos que resultou da reforma de 2007, o recurso de revista *cabe do acórdão da Relação proferido ao abrigo do nº 1 e da alínea h) do nº 2 do art. 691*, ou seja de acórdão do Tribunal da Relação que constitua decisão de recurso de apelação de decisão da primeira instância que ponha termo ao processo, no primeiro caso, e do despacho saneador que decida questão(ões) de mérito sem, contudo, pôr termo ao processo, no segundo[139]. Mas cabe também recurso de revista dos acórdãos interlocutórios da Relação, conforme decorre do proémio do nº 2 do art. 721, nos termos atrás explicitados[140].

O recurso de revista delimita-se pelo seu *objecto* e pelos seus *fundamentos*. No que respeita ao objecto, o recurso destina-se à reapreciação de acórdão da Relação, independentemente de incidir, ou não, sobre o

---

[138] *Supra*, 3.1.1.1.
[139] *Supra*, I.2.
[140] *Supra*, I.2.

FASE INSTRUTÓRIA E PROCEDIMENTOS PROBATÓRIOS. PROVA DOCUMENTAL

mérito da causa[141]; quanto aos fundamentos, o recurso funda-se, a título principal, na *violação da lei substantiva ou adjectiva*, que tanto pode consistir no *erro de interpretação ou de aplicação*, como no *erro de determinação da norma aplicável* [art. 722, nº 1, *a*) e *b*)]. Trata-se, pois, de recurso que só excepcionalmente terá por objecto matéria de facto (arts. 722, nº 3, e 729, nº 2).

Não tendo o art. 727 sofrido uma evolução paralela à do revogado art. 706, *continuado*, em termos diversos, pelo disposto no art. 693-B, é manifesto que os *documentos supervenientes* aí reportados têm em vista o recurso de revista quanto ao mérito da causa (art. 721, nº 1). Ora, se assim é, e se com a junção desses documentos a um processo se visa a prova de *factos*, está substancialmente posto em causa o interesse prático que possa encontrar-se no disposto no art. 727. O âmbito consentido da junção de documento superveniente limita-se, assim, aos documentos destinados a fazer prova de *factos que fundamentam a acção ou a defesa*, quando e na medida em que o recurso de revista possa ter por objecto a decisão da segunda instância quanto à matéria de facto (arts. 722, nº 3, e 729, nº 2)[142]. Os pressupostos da regra do art. 727 são, pois, alheios à matéria regulada no art. 524.

A determinação do sentido do art. 727 supõe ainda a detecção do *marco cronológico que fixa a superveniência do documento*.

Também aqui, e à semelhança do que atrás se disse a propósito do documento superveniente em recurso de apelação, a superveniência deve ser entendida como resultado de uma *circunstância impossibilitante* da apresentação do documento *em momento cronologicamente anterior*. Só nos casos em que se verifique impossibilidade de junção do documento *até esse momento* se poderá, em bom rigor, falar de documento superveniente. Ora, esse momento deve reportar-se *à junção das alegações no recurso de apelação* (arts. 685-A, n.os 1 e 4, e 693-B, primeira parte). Até esse momento podem as partes oferecer documentos destinados a fazer prova dos fundamentos da acção ou da defesa, nos termos da primeira

---

[141] Não assim no que respeita ao direito pretérito; o recurso delimitava-se, quanto ao objecto, pela reapreciação de acórdão da Relação que decidisse do mérito da causa (art. 721, nº 1), cabendo agravo em segunda instância da decisão da Relação de que fosse admissível recurso, salvo nos casos em que coubesse revista ou apelação (art. 754).

[142] Assim, Alberto dos REIS, *Código de Processo Civil Anotado*, IV, 17; GONÇALVES SAMPAIO, *A prova por documentos particulares na doutrina, na lei e na jurisprudência*, 148.

DOCUMENTO E RECURSO CÍVEL

parte do art. 693-B, e, se os podiam ter oferecido em segunda instância, não há que falar agora em documento superveniente para efeitos do disposto no art. 727[143]. Documento superveniente, para esse efeito, é aquele que se formou após *o oferecimento das alegações no recurso de apelação* ou de que a parte só teve conhecimento ou disposição após esse momento.

3.1.2. Documentos destinados a fazer prova de factos posteriores aos articulados ou cuja apresentação se tenha tornado necessária por virtude de ocorrência posterior

Analisada que foi a junção ao processo de documentos *destinados a fazer prova dos fundamentos da acção ou da defesa*, na primeira instância e em recurso, cabe agora fazer referência ao disposto no art. 524, nº 2, ou seja, à apresentação em juízo de *documentos destinados a provar factos posteriores aos articulados* ou *cuja apresentação se tenha tornado necessária em virtude de ocorrência posterior*. Dispõe-se nesse preceito que esses documentos podem ser apresentados *em qualquer estado do processo*.

A principal questão que agora se nos suscita é a da rigorosa determinação do que pode entender-se por *em qualquer estado do processo*.

Tendo em conta o preceituado no art. 524, nº 1, parece-nos que, em abstracto, a expressão legal pode pretender significar que esses documentos podem ser apresentados:

a) na primeira instância, até ao encerramento da discussão;

b) na primeira instância, mesmo depois de encerrada a discussão e antes de proferida a decisão;

c) em recurso, dentro dos limites cronológicos já assinalados para os documentos previstos no art. 524, nº 1; ou,

d) em recurso, mesmo para além dos limites indicados na alínea precedente.

Para melhor sistematizar a questão, apreciaremos de seguida a apresentação em juízo de documentos destinados a provar factos posteriores aos articulados, para, só depois, empreendermos semelhante análise no que respeita àqueles cuja junção se tornou necessária em virtude de ocorrência posterior.

---

[143] Assim, Alberto dos REIS, *Código de Processo Civil Anotado*, IV, 17.

3.1.2.1. Documentos destinados a provar factos posteriores aos articulados

O art. 524, nº 2, na parte respeitante aos documentos destinados a provar factos posteriores aos articulados, teve por fonte próxima o disposto no parágrafo 4º do art. 550 do Código de Processo Civil de 1939. Sobre este último preceito, afirmou Alberto dos REIS – em comentário ao Código de Processo Civil de 1939[144] – que, dada a sua colocação, *era relativo à primeira instância*, o que teria o alcance prático da admissibilidade da junção desses documentos mesmo depois de encerrada a discussão. Admitiu, porém, esse autor, que semelhante hipótese chocava com conteúdo dos arts. 515, § 1º[145], 517[146] e 653, *g)*[147], desse mesmo diploma. O primeiro desses preceitos impunha a fixação, com subordinação a números, dos pontos de facto articulados pelas partes, controvertidos e que interessassem à solução da causa. Já o referido art. 517 impunha que as diligências destinadas à produção da prova a realizar na fase instrutória só poderiam recair sobre os factos constantes do questionário. Por último, do art. 653, *g)*, integrado na regulação da audiência de discussão e julgamento, inferia-se que a decisão do tribunal colectivo só deveria recair sobre os factos constantes do questionário. A dificuldade assim ocasionada era, contudo, tratada por Alberto dos REIS, como meramente aparente, porquanto o disposto no art. 517 aplicar-se-ia apenas ao depoimento de parte, ao arbitramento (prova pericial), à inspecção judicial e à inquirição de testemunhas[148], mas não à prova documental.

Muito embora, perante o Código de Processo Civil de 1939, se pudesse aceitar a explicação de Alberto dos REIS para legitimar a junção dos documentos – destinados a provar factos verificados após os articulados – depois do encerramento da discussão em primeira instância, parece-nos que semelhante hipótese é agora totalmente incompatível com o preceituado nos arts. 506 e 663, nº 1.

---

[144] *Código de Processo Civil Anotado*, IV, 18.
[145] Correspondente ao art. 511, nº 1, do CPC, embora alterado.
[146] Correspondente ao art. 513 do CPC, embora alterado.
[147] Correspondente ao art. 653, nº 2, do CPC, na parte em questão, embora alterado.
[148] *Código de Processo Civil Anotado*, loc. cit., e III, 257.

DOCUMENTO E RECURSO CÍVEL

No nº 1 do art. 506 permite-se a dedução, em *articulado posterior* ou em *novo articulado,* dos factos *supervenientes* – ao termo do prazo para a apresentação dos articulados[149] – constitutivos, modificativos ou extintivos do direito cuja tutela se requer.

Opera-se aí uma distinção entre *articulado posterior* e *novo articulado.* Significa isto que, podendo haver lugar (no sentido da admissibilidade legal) a um ou mais articulados após a ocorrência do facto[150] (ou após a parte que o pretende invocar ter dele tomado conhecimento; art. 506, nº 2), é nesses articulados que o facto deve ser alegado. Mas significa também que, não podendo haver lugar a outros articulados após essa ocorrência ou conhecimento, pode o facto em causa ser deduzido em articulado superveniente, até ao encerramento da discussão, nos prazos a que se refere o nº 3 do art. 506, que diferem consoante o momento em que o facto haja ocorrido ou tenha sido conhecido pela parte que o alega[151-152].

Ora, a previsão do art. 524, nº 2, reporta-se parcialmente a esta última situação: (documentos destinados a provar) *factos posteriores aos articu-*

---

[149] Cfr. o art. 506, nº 2: "[d]izem-se supervenientes tanto os factos ocorridos posteriormente ao termo dos prazos marcados nos artigos precedentes como os factos anteriores de que a parte só teve conhecimento depois de findarem esses prazos, devendo neste caso produzir-se prova da superveniência".

[150] Cfr. os arts. 502 e 503.

[151] Assim, (i) não havendo lugar a réplica e tréplica ou, no caso inverso, (ii) não se tendo produzido o facto ou o seu conhecimento pela parte até ao momento da junção de cada um destes articulados, os factos relevantes ocorridos ou conhecidos após o termo do prazo para a junção da contestação (caso i) ou após o termo do prazo para a junção da réplica e da tréplica (caso ii) mas antes da audiência preliminar (se a ela houver lugar) deverão ser alegados em articulado superveniente, que será oferecido na própria audiência. Se o facto ocorrer ou só for conhecido da parte após o termo da audiência preliminar e antes de notificada a data para a realização da audiência de discussão e julgamento, o articulado superveniente deverá ser oferecido nos dez dias posteriores a essa notificação – solução que se articula mal com a vigente redacção do nº 2, *b),* do art. 508-A (DL nº 375-A/99, de 20 de Setembro), tendo em conta o disposto no art. 254, nº 1, quanto aos mandatários presentes – (o mesmo sucedendo quando não tenha havido lugar à audiência preliminar). Tendo o facto ocorrido ou sido conhecido da parte após os dez dias posteriores à notificação da data designada para a audiência de discussão e julgamento, deve oferecer-se o articulado nesta audiência, quer tenha ou não havido lugar a audiência preliminar.

[152] Devendo o juiz rejeitar o novo articulado quando, por culpa da parte, for apresentado fora de tempo (art. 506, nº 4, primeira parte).

lados[153], que, nos termos do art. 506, nº 1, podem ser deduzidos em articulado superveniente – ao qual devem juntar-se os respectivos documentos (art. 506, nº 5) – até ao encerramento da discussão.

É também o encerramento da discussão o momento relevante para efeitos do disposto no art. 663, nº 1: a sentença deve tomar em consideração os factos que se produzam posteriormente à propositura da acção, de modo que a decisão corresponda à situação existente no momento do encerramento da discussão.

Duas questões ficam, pois, por resolver. A primeira é a de saber se deve admitir-se, por força, tão-somente, do art. 524, nº 2, a apresentação em primeira instância de documentos destinados a provar *factos ocorridos após o encerramento da discussão ou de que só após esse momento a parte teve conhecimento* (não tendo, portanto, podido alegá-los até esse momento). Já a segunda reporta-se à admissibilidade da junção desses mesmos documentos *em recurso*.

No que respeita à primeira questão parece-nos que a resposta deve ser claramente negativa, dada a compreensível necessidade de incluir esses factos na base instrutória (arts. 506, nº 6, e 507). Com efeito, não pode esquecer-se que o disposto no art. 524, nº 2, do CPC foi pensado, no âmbito do Código de Processo Civil de 1939, para uma fase de articulados que não contemplava articulados supervenientes. Alterada essa estrutura no Código de Processo Civil de 1961 e introduzido o articulado superveniente, o disposto nesse preceito tem que harmonizar-se com a estatuição do art. 506, nº 1. Significa isto que o preceituado no art. 524, nº 2, deve reduzir-se ao limite temporal fixado no art. 506, nº 1. Assim, os documentos destinados a provar *factos posteriores ao encerramento da fase dos articulados* podem ser juntos a articulado superveniente, no qual se aleguem esses factos, mas apenas até ao encerramento da discussão.

Concluindo se dirá que a regra do nº 2 do art. 524, no segmento reportado à junção de documentos destinados a provar factos posteriores aos articulados, que, por um lado, (i) tem o respectivo âmbito limitado à primeira instância, e, por outro lado, (ii) tem o encerramento da discussão como limite cronológico.

---

[153] E, segundo o *lugar paralelo* do art. 506, nºs 1 e 2, também factos de que a parte só teve conhecimento após os articulados.

A resposta que demos à primeira das assinaladas questões prejudica, cremos, uma resposta positiva à segunda, no que estamos, portanto, em desacordo com jurisprudência vária[154].

A admissibilidade da junção em recurso de documentos destinados a provar factos posteriores aos articulados prende-se, naturalmente, com a problemática do objecto do recurso, que pode, em tese geral, consistir na questão sobre que incidiu a decisão recorrida, ou seja, no novo julgamento dessa questão – ou na própria decisão recorrida, visando o recurso decidir se, *ex lege*, a decisão recorrida foi a que devia ter sido proferida[155].

Sendo o caso o primeiro, nada obstaria a que, em recurso, se admitisse a alegação e prova documental de factos novos, relevantes para decidir, de novo, a questão. Mas, ao contrário, se se considerar que o objecto do recurso é a própria decisão recorrida, não deve admitir-se a possibilidade de, no mesmo, se alegarem factos novos e muito menos a junção de documentos destinados a fazer prova desses factos.

No Direito Processual Civil português, conforme se dispõe no art. 676, nº 1, do CPC, o objecto do recurso é a *decisão*, orientando-se de há muito a jurisprudência no sentido de o recurso não visar a criação de soluções sobre matéria nova mas antes modificar as decisões recorridas, sendo, portanto, vedado aos tribunais superiores a apreciação de matéria não suscitada no tribunal recorrido[156].

Inclinamo-nos, pois, a pensar que é vedada a junção de documento em recurso, quando o mesmo se apresente como meio de prova de factos não alegados na primeira instância, em articulado *normal* ou superveniente[157].

Em resumo, pensamos dever o disposto no art. 524, nº 2, primeira parte, ser objecto de *interpretação restritiva*, legitimando apenas a junção de documentos destinados a provar factos posteriores aos articulados, *na primeira instância e em articulado superveniente*[158].

---

[154] Cfr., a título de exemplo, o Ac. do STJ, de 12 de Janeiro de 1994, *in* BMJ, 433, 467.

[155] Ilustração da primeira das concepções do recurso podia encontrar-se no recurso de apelação (*Berufung*) do Direito Processual Civil alemão anterior à reforma de 2002.

[156] Cfr. a jurisprudência recolhida por Abílio Neto no seu *Código de Processo Civil Anotado* (21ª ed.), Ediforum, Lisboa, 2009 (Fevereiro), 998-1002.

[157] Assim, João de Castro MENDES, *Direito Processual Civil*, III, 28 e ss.

[158] Assim, Antunes VARELA, anotação ao Ac. do STJ, de 9 de Dezembro de 1980, *in* RLJ, Ano 115, nº 3696, 93, 4, n. 1 (embora o autor não teça considerações sobre o resultado interpretativo defensável); contra, segundo nos parece, Gonçalves SAMPAIO, ob. cit., 151.

3.1.2.2. Documentos cuja junção se tornou necessária em virtude de ocorrência posterior aos articulados

A admissibilidade legal da junção de documentos ao processo após o decurso do período normal para o fazer, fundada *na necessidade dessa junção em virtude de ocorrência posterior* (ao encerramento do referido período), era já referida no § único do art. 25 do Decreto nº 13 979, de 25 de Julho de 1927, e no § único do art. 44 do Decreto nº 21 287, de 30 de Maio de 1932[159].

A *ratio* da permissão prende-se com a necessidade de contraditar afirmações novas que o réu venha a fazer no último articulado, o conteúdo de documentos com o mesmo apresentados ou ainda elementos probatórios produzidos na fase instrutória.

Exemplificando esta *necessidade de junção de documentos fundada em ocorrência posterior aos articulados* escreveu Alberto dos Reis o seguinte: "[p]rocede-se a um exame ou a uma vistoria e nas respostas aos quesitos os peritos afirmam a existência de factos que não correspondem à realidade. A parte prejudicada por essas respostas pode juntar ao processo uma fotografia pela qual se mostre que o laudo dos peritos não é exacto. Uma testemunha, no acto de depor, garante a veracidade de certos factos que se não deram; a parte deve ser admitida a juntar ao processo documentos que provem a inexactidão do depoimento"[160]. No âmbito do raciocínio exposto no número anterior, para a junção de documentos destinados a provar factos posteriores aos articulados, este entendimento tinha o alcance prático de permitir a junção desses documentos, depois do prazo normal para o seu oferecimento, até ser proferida a decisão da causa.

O Código de Processo Civil de 1939 veio porém dispor, no parágrafo 4º do seu art. 550, que tais documentos podiam ser oferecidos *em qualquer estado do processo*, assinalando Alberto dos Reis a esta expressão o conteúdo já referido anteriormente: tratar-se-ia de admitir a junção, *apenas em primeira instância*, mesmo depois de encerrada a discussão.

Não pensamos, contudo, perante os actuais dados legais, que existam, quanto à junção destes documentos, razões bastantes que justifi-

---

[159] Sobre o assunto, cfr. Alberto dos Reis, *Breve estudo sobre a reforma do processo civil e comercial*, 257.
[160] *Idem*, 255-258.

quem solução diferente da por nós já apontada, no número anterior, quanto à junção de documentos destinados a provar factos posteriores aos articulados. Ou seja, não deve admitir-se a junção destes documentos depois do encerramento da discussão em primeira instância e muito menos em recurso[161], salvo expressa permissão legal.

3.1.3. Apelação e documentos cuja junção se tenha tornado necessária em virtude do julgamento proferido na primeira instância

Paralelamente à junção de documentos nas situações excepcionais a que se refere o art. 524 – já analisada – admite-se no art. 693-B que se apresentem com as alegações de recurso de apelação os *documentos cuja junção se tenha tornado necessária em virtude do julgamento proferido na primeira instância.*

Foi já referido que a admissibilidade legal da junção de documentos ao processo após o decurso do período normal para o fazer, fundada *na necessidade dessa junção em virtude de ocorrência posterior*, era já referida no § único do art. 25 do Decreto nº 13 979, de 25 de Julho de 1927, e no § único do art. 44 do Decreto nº 21 287, de 30 de Maio de 1932[162].

Colocada a questão de saber se a *própria sentença* poderia, para esse efeito, considerar-se *ocorrência posterior*, veio o STJ, no seu Acórdão de 24 de Abril de 1936[163], considerar que "[a] sentença que julga a acção pode ou não ser ocorrência posterior, nos termos e para os efeitos do § único do artigo 44º do Decreto nº 21287, conforme a relação em que está com as alegações das partes. Se a sentença não traz à causa facto novo e se limita a apreciar o que as partes alegaram, não pode considerar-se ocorrência posterior; se, pelo contrário, rejeita o critério seguido pelas partes e adopta factos novos, deve ter-se como ocorrência posterior".

Idêntica razão de ser, para admitir a junção de documento com a minuta do recurso de apelação, é invocada pelo STJ, no seu Acórdão de 9 de Novembro de 1937[164], considerando-se verificada a necessidade dessa junção em virtude de a sentença da primeira instância se ter baseado em documento requisitado pelo juiz *à última hora* e concluindo-

---

[161] Contra, segundo nos parece, Gonçalves SAMPAIO, ob. cit., 151.
[162] *Supra*, 3.1.2.2.
[163] *In* RLJ, Ano 69, 203.
[164] *In* RLJ, Ano 70, 383.

FASE INSTRUTÓRIA E PROCEDIMENTOS PROBATÓRIOS. PROVA DOCUMENTAL

se pelo absurdo que seria se a lei não permitisse contrariar, mediante a junção de um documento, aqueloutro introduzido *de surpresa* no processo.

A relevância da sentença (como ocorrência posterior ao período normal de apresentação da prova documental) para efeitos da admissibilidade legal da junção de documentos com as alegações de recurso de apelação viria a obter expresso tratamento no art. 706 do Código de Processo Civil de 1939, no qual se estabelecia que "com as alegações podem as partes juntar documentos quando se verificarem os casos excepcionais previstos no art. 550º[165] ou quando a junção só se tenha tornado necessária em consequência do julgamento proferido na 1ª instância", solução essa que viria depois a ser consagrada no originário art. 706 (nº 1, última parte) do CPC.

Era patente neste último preceito æ como aliás no correspondente do Código de Processo Civil de 1939 æ uma intenção claramente limitadora da junção, sendo admitida *apenas* quando se tornasse necessária em virtude do julgamento proferido na primeira instância. Quer isto dizer que o *móbil fulcral* e *único* que possibilitava a junção era a sentença da primeira instância.

Não se tratava, pois, de admitir a junção de documentos cuja apresentação era já necessária na primeira instância para a prova dos fundamentos da acção ou da defesa; não se tratava, sequer, de admitir a junção de documentos que se destinassem a fazer essa prova, mas cuja apresentação fora impossível em momento anterior. Se a parte que deles pretendesse fazer uso (nos termos da última parte do nº 1 do art. 706) *podia* ter efectuado a junção até ao encerramento da discussão e não o fez, perdia o direito de os juntar; se tal apresentação houvesse sido impossível até às alegações de recurso, a junção seria admitida nos termos da primeira parte do nº 1 do art. 706, mas não da segunda parte[166].

Não se vê, assim, e atento o que antecede, que a diversa redacção, quanto ao aspecto considerado, entre o vigente art. 693-B e o revogado nº 1 do art. 706, signifique uma alteração do regime legal, uma vez que o

---

[165] Correspondente aos arts. 523 e 524 do CPC vigente.
[166] Cfr., nesse sentido, o Ac. do STJ, de 4 de Dezembro de 1979, *in* BMJ, 292, 313; ANTUNES VARELA, anotação ao Ac. do STJ, de 9 de Dezembro de 1980, *in* RLJ, Ano 115, nº 3696, 94.

DOCUMENTO E RECURSO CÍVEL

primeiro não pode ser interpretado diversamente do modo como o era o último, ainda que entre ambos subsista uma diferença de redacção quanto à colocação do vocábulo *apenas*, que clarifica ser taxativa a enumeração legal dos casos em que as partes podem juntar documentos com as alegações de recurso[167].

Cabe agora verificar em que circunstâncias pode a sentença da primeira instância, e só ela, determinar a necessidade da junção de um documento ao processo. Nos termos do Acórdão do STJ, de 24 de Abril de 1936, tal sucederá quando nela *se rejeita o critério seguido pelas partes e se adoptam factos novos*. A ideia da introdução pelo julgador, quando profere a decisão, de factos não alegados pelas partes é dificilmente conciliável com a trave-mestra do processo civil: o princípio dispositivo[168]. Essa conciliação parece só poder fazer-se a partir do *princípio inquisitório em matéria instrutória*, que, apesar de ter perdido a formulação genérica contida no nº 3 do art. 264 antes da reforma de 1995/1996, continua a habilitar o juiz, quanto aos factos de que lhe é lícito conhecer, a realizar ou ordenar oficiosamente diligências probatórias[169-170]. Com efeito, esse poder de que goza o julgador, habilita-o a introduzir no processo meios probatórios com que as partes podiam, justificadamente, não contar, e a fundar a sua decisão nesses meios, sem que tal signifique o conhecimento de factos que lhe não é lícito conhecer[171]. É precisamente este o pressuposto da admissibilidade da junção de documentos a que se

---

[167] *Supra*, II, 3.1.1.2.1.

[168] Cfr. os arts. 264 e 664, segunda parte.

[169] Cfr. os arts. 535, nº 1, 579, 612, nº 1, e 645.

[170] A actual redacção do nº 2 do art. 264 comporta expressamente a possibilidade da consideração oficiosa, para efeitos da decisão da causa, dos factos instrumentais que resultem da instrução e discussão da mesma æ isto significa, portanto, que esses factos podem ser utilizados para a decisão, *apesar de não haverem sido alegados, designadamente pela parte a quem aproveitam*. O nº 3 do mesmo preceito permite, para o mesmo efeito, a utilização dos *factos essenciais à procedência de pretensões ou de excepções* que sejam complemento ou concretização de outros que as partes hajam oportunamente alegado e resultem da instrução ou discussão da causa, desde que a parte interessada manifeste a vontade de deles aproveitar e à parte contrária tenha sido facultado o contraditório quanto a tal aproveitamento. Estas duas possibilidades não excepcionam o princípio dispositivo, na medida em que os factos considerados se colocam sempre *na órbita* dos alegados pelas partes, ou porque são instrumentais em relação a estes ou porque são complemento ou concretização de pretensões formuladas ou de excepções deduzidas.

[171] Cfr. o Ac. do STJ, de 9 de Novembro de 1937, *in* RLJ, Ano 70, 383.

reporta, quanto ao caso considerado, o art. 693-B, ou seja, contraditar, mediante prova documental, meios probatórios introduzidos *de surpresa* no processo, que venham a relevar na decisão[172].

ANTUNES VARELA considera ainda, se bem o entendemos, um segundo caso em que a junção de documento seria admissível, nos termos do originário art. 706 (nº 1, segunda parte), consubstanciado *numa decisão baseada em preceito jurídico com cuja aplicação as partes não tivessem contado*, para tanto invocando o disposto no art. 664, primeira parte[173], no que é apoiado por alguma jurisprudência[174].

No actual contexto normativo, a análise daquele entendimento tem de passar por considerar a proibição da – doutrinariamente – chamada *decisão-surpresa* (art. 3º, nº 3).

Um mero olhar de relance sobre a doutrina e a jurisprudência sustenta a conclusão – cremos – de que um critério de distinção entre as *decisões-surpresa* e as que o não são, no cotejo entre o disposto no art. 3º, nº 3, e no art. 664, não está ainda suficientemente estabilizado. Mas, se não poderíamos realizar aqui essa análise sem desvio do objecto analítico proposto, também nos parece que a sentença que possa configurar-se como *decisão-surpresa*, cria uma situação processual que admite a junção documentos, nos termos do art. 693-B, que se tenham tornado necessários, *em virtude do julgamento proferido na primeira instância*[175].

---

[172] Nesse sentido, ANTUNES VARELA, Anotação ao Ac. do STJ, de 9 de Dezembro de 1980, *in* RLJ, Ano 115, nº 3696, 95.

[173] Anotação ao Ac. do STJ de 9 de Dezembro de 1980, *in* RLJ, Ano 115 (1982/1983), nº 3696, 95.

[174] Cfr. o Ac. do STJ, de 22 de Novembro de 2007 (disponível em http://www.dgsi.pt/jstj.nsf/954f0ce6ad9dd8b980256b5f003fa814/a22856caa68692fc802573a00039a4e4?OpenDocument).

[175] A violação do disposto no art. 3º, nº 3, gerará uma nulidade, nos termos do art. 201, nº 1, quando a irregularidade possa influir no exame ou decisão da causa, o que manifestamente sucede no caso considerado. Todavia, havendo introdução de meio probatório pelo juiz, há que admitir que a detecção pelas partes da nulidade só venha a verificar-se com a notificação da sentença. Ora, porque, por um lado, o poder jurisdicional do juiz se esgota com a prolação da sentença (art. 666, nº 1), e, por outro lado, porque as nulidades que o mesmo pode suprir [nos termos do art. 666, nº 2] são as previstas no art. 668, nº 1, parece de admitir que a consideração do meio probatório se possa reflectir na sentença, nos termos previstos no art. 668, nº 1, *d*), geradores de nulidade da mesma, mas tal não constitui uma inevitabilidade. Assim sendo, se a consideração do meio probatório introduzido *de surpresa* se reflectir na nulidade prevista no art. 668, nº 1, *d*), não pode deixar de considerar-se ser a mesma funda-

DOCUMENTO E RECURSO CÍVEL

Já no que respeita à sentença que, para efeitos do disposto no art. 3º, nº 3, não constitua decisão-surpresa, circunscrevendo-se ao âmbito da primeira parte do art. 664, dificilmente se poderá afirmar a possibilidade de o juiz fundar a decisão em preceito jurídico com cuja aplicação as partes *justificadamente* podiam não contar. Cabe, todavia, distinguir se a aplicação do preceito jurídico com cuja aplicação as partes não contaram é, ou não, reflexo da introdução no processo *pelo julgador* de meio de prova com que as partes justificadamente não contaram.

Se se trata de um mero *efeito reflexo*, a junção do documento sempre será possível nos termos do 693-B, não podendo, contudo, falar-se de uma nova situação, diferente da por nós já apontada: introdução pelo julgador de meio de prova com que as partes podiam, justificadamente, não contar, *com reflexo na decisão*. Se, pelo contrário, a aplicação desse preceito não deriva da existência de um novo meio de prova (mas apenas do exercício do poder conferido ao julgador no art. 664, primeira parte) não vemos como possa isso reflectir-se positivamente na permissão conferida pelo art. 693-B, na parte em análise, sem que, simultaneamente se aniquile precisamente o disposto nesse art. 664, primeira parte.

3.1.4. Apelação e documento novo superveniente

Dispõe-se no art. 712, nº 1, *c)*, que o Tribunal da Relação pode alterar a decisão do tribunal da primeira instância sobre a matéria de facto, entre outros casos, *se o recorrente apresentar documento novo superveniente e que, por si só, seja suficiente para destruir a prova em que a decisão assentou.* A norma não sofreu alteração na reforma de 2007 do CPC.

Anteriormente à reforma, existia na regulação do recurso de apelação uma outra norma relativa a *documentos supervenientes*; tratava-se do art. 706, nº 2, primeira parte, nos termos do qual os, assim qualificados, *docu-*

mento de recurso, nos termos do nº 4 do mesmo artigo, que pode ser instruído com documento *cuja junção se tornou necessária em virtude do julgamento proferido na primeira instância* (art. 524, nº 2). Não admitir solução idêntica para os casos em que a introdução do meio probatório se não concretiza numa nulidade prevista no art. 668, nº 1, *d)*, seria negar à irregularidade cometida qualquer consequência sempre que a parte por ela prejudicada não tenha fundamento para recurso, processual ou substantivo, o que temos por inaceitável; admitimos, assim, a aplicação analógica ao caso apresentado do disposto no art. 668, nº 4, podendo o recurso ser, igualmente, instruído com documento *cuja junção se tornou necessária em virtude do julgamento proferido na primeira instância* (art. 524, nº 2).

mentos supervenientes podiam juntar-se até se iniciarem os vistos aos juízes, prévios à elaboração do projecto de acórdão pelo juiz relator[176]. A lei não fornecia expressamente um critério para a determinação do que fosse o documento superveniente. A partir do nº 2 do art. 706, punha-se, portanto, ao intérprete a questão da determinação do marco cronológico a partir do qual existira aquela superveniência documental, sendo que a mesma não poderia senão ser aí entendida como o resultado de uma *circunstância impossibilitante* da apresentação do documento *em momento cronologicamente anterior ao início dos vistos aos juízes.*

A determinação desse momento apresentava-se, portanto, como aspecto fulcral, pois só nos casos em que se verificasse impossibilidade de junção do documento *até esse momento* se poderia, em bom rigor, falar de documento superveniente[177].

Nesse contexto normativo, e em tese geral, parecia poder encarar-se o documento superveniente sob duas perspectivas:

a) ou se tratava de documento cuja apresentação não fora possível *até ao encerramento da discussão em primeira instância* (art. 524, nº 1)[178];

b) ou se tratava de documento cuja apresentação fora impossível *até à apresentação das alegações de recurso* (art. 706, nº 1, redacção originária)[179].

---

[176] Cfr. o nº 1 do art. 707 (redacção da reforma de 1995/1996): "[d]ecididas as questões que devam ser apreciadas antes do julgamento do objecto do recurso, se não se verificar o caso previsto no artigo 705º, o processo vai com vista aos juízes-adjuntos, pelo prazo de 15 dias a cada um, e depois ao relator, pelo prazo de 30 dias, a fim de ser elaborado o projecto de acórdão". No originário art. 707 lia-se que (nº 1) *apresentadas as alegações, dá-se vista do processo ao Ministério Público, se não tiver alegado nem respondido no tribunal superior, para se pronunciar sobre a má-fé dos litigantes e a nota de revisão efectuada pela secretaria e para promover as diligências adequadas, quando verifique a existência de qualquer infracção da lei;* (nº 2) *em seguida, o processo vai com vista aos dois juízes adjuntos, pelo prazo de catorze dias a cada um, e depois ao relator, pelo prazo de vinte e oito dias.*

[177] Essa impossibilidade não oferecia especialidades em relação ao já anteriormente referido a propósito da *impossibilidade da apresentação de documentos (destinados a fazer prova dos fundamentos da acção ou da defesa) com o articulado em que se aleguem os factos correspondentes,* podendo pois residir no facto de só após o *momento relevante* o documento se ter formado, ou só após esse momento ter o apresentante conhecido a sua existência ou ainda só após esse momento ter podido dispor dele.

[178] Nesse sentido veja-se o Ac. do STJ de 7 de Dezembro de 1948 (RLJ, Ano 82, 41).

[179] Nesse sentido veja-se o Ac. do STJ de 16 de Abril de 1943 (RT, Ano 61, 183), anotado por Alberto dos Reis.

Na primeira edição deste estudo, de 2001, sustentámos que o entendimento correcto seria o segundo: o momento relevante para determinar a superveniência do documento seria o da apresentação das alegações de recurso da parte que dele pretendesse fazer uso. Para esse efeito, seria então *superveniente* o documento que se formasse após a apresentação das alegações de recurso da parte que dele pretendesse fazer uso, ou de cuja existência essa parte só tomasse conhecimento após a apresentação das suas alegações ou, por último, de que só havia podido dispor após tê-las apresentado. É que se as partes podiam juntar documentos às alegações nos casos excepcionais a que se refere o nº 1 do art. 524, e se podiam tê-los apresentado com as alegações de recurso, não faria sentido a admissibilidade da sua junção após esse momento.

Regressemos agora ao conjunto normativo do recurso de apelação resultante da reforma de 2007 do CPC: se, por um lado, permaneceu intocada a regra do art. 712, nº 1, *c)*, foi eliminada a do art. 706, nº 2, que não transitou para a esfera do aditado artigo 693-B, cujo antecedente normativo próximo é o nº 1 do revogado art. 706. Torna-se, assim, necessário determinar se o *documento novo superveniente* a que se refere o art. 712, nº 1, *c)*, entronca nos documentos, reportados no art. 693-B, que as partes podem juntar com as alegações, estando precludida a possibilidade da sua apresentação ulterior, ou se esse documento *novo superveniente* configura uma diversa hipótese de junção de documentos em recurso de apelação. A esta pergunta respondemos, na primeira edição deste estudo, que o *documento novo superveniente* configurava a mesma hipótese, singularizada, dos *documentos supervenientes*, contida no nº 2 do art. 706, e que a superveniência se reportava ao momento da junção das alegações de recurso. Assim, seria *documento novo superveniente* o que se formasse após a apresentação das alegações de recurso da parte que dele pretendesse fazer uso, ou de cuja existência essa parte só havia tomado conhecimento após a apresentação das suas alegações ou, por último, de que só havia podido dispor após tê-las apresentado, podendo ser junto ao processo, após as alegações, até se iniciarem os vistos aos juízes.

Cremos agora, porém, que essa análise merece uma revisão crítica. Na verdade, a questão a que responde o nº 1 do art. 712 – a modificabilidade da decisão da primeira instância sobre a matéria de facto – só é compatível com uma superveniência documental reportada ao encerramento da discussão da matéria de facto na primeira instância, sendo

FASE INSTRUTÓRIA E PROCEDIMENTOS PROBATÓRIOS. PROVA DOCUMENTAL

indiferente que a junção do documento pudesse ter-se realizado com as alegações ou só em momento ulterior, mas antes dos vistos aos juízes. Vale isto por dizer que, na conformação processual anterior à reforma de 2007, a alínea *c)* do nº 1 do art. 712 reportava-se a quaisquer documentos que, nos termos dos n.ºs 1 e 2 do art. 706, fosse lícito ao recorrente juntar ao processo.

Da manutenção, após a reforma de 2007, da regra da alínea *c)* do nº 1 do art. 712 não pode, pois, extrair-se argumento a favor de uma tese de que a mesma pressupõe uma junção de documentos cronologicamente diversa da contida no art. 693-B, reconduzível à previsão do nº 2 do revogado art. 706.

A isto acresce que *a nova colocação* do vocábulo *apenas* na norma que antes correspondia à do nº 1 do art. 706, a do aditado art. 693-B, parece corresponder a uma solução material e não apenas a uma razão de estilo, qual seja a de limitar estritamente a junção de documentos em recurso ao momento das alegações das partes[180]. Cremos ser essa a correcta interpretação normativa da eliminação da regra do nº 2 do art. 706, mas também deve ser assinalado que a mesma não se impunha como única solução tecnicamente correcta. Na verdade, parece-nos que o legislador da reforma se terá deixado impressionar, em termos consequenciais, pela própria eliminação, na tramitação do recurso de apelação, dos vistos prévios à elaboração do projecto de acórdão, o que, todavia, não alterou substancialmente a posição do relator (art. 707, nº 1, na redacção vigente e na originária); na redacção da norma vigente, após decididas as questões que devam ser apreciadas antes do julgamento, o relator, exceptuado o caso de decisão liminar (art. 705), elabora o projecto de acórdão no prazo de 30 dias, sendo que só após isso o processo vai com vista aos juízes-adjuntos. Ora, mesmos eliminados os vistos prévios a todos os juízes, sempre estaria assegurada a possibilidade de os documentos juntos ao processo após o oferecimento das alegações serem considerados no projecto de acórdão se tal ocorresse até à vista do processo pelo relator.

---

[180] *Supra*, II, 3.1.3.

III. INSTRUÇÃO DE RECURSOS DE DECISÕES INTERLOCUTÓRIAS

I – Dispõe-se no art. 693-B que as partes podem juntar documentos às alegações de recurso nos casos previstos nas alíneas *a)* a *g)* e *i)* a *n)* do nº 2 do art. 691. Como já foi atrás referido, trata-se de um *novo caso* de admissibilidade de junção de documentos em recurso de apelação, relativamente ao que antes da reforma de 2007 dispunham os n.os 1 e 2 do agora revogado art. 706.

Os casos previstos nas alíneas *a)* a *g)* e *i)* a *n)* do nº 2 do art. 691 correspondem aos recursos interlocutórios interpostos de decisões da primeira instância e de recorribilidade imediata[181]. O *novo caso* de admissibilidade de junção de documentos em recurso de apelação constitui, pois, efeito reflexo da absorção no seu âmbito do antigo agravo na primeira instância. Repare-se, todavia, que este *novo caso* não se encontra delimitado – aparentemente – por quaisquer condições materiais.

Na verdade, no novo contexto normativo-sistemático dos recursos cíveis, a norma da última parte do aditado art. 693-B sucede à do nº 2 do revogado art. 743, dedicado, no direito pretérito, ao oferecimento das alegações no agravo interposto na primeira instância, nos termos da qual "[c]om as suas alegações, podem um e outro [agravante e agravado] juntar os documentos que lhes seja lícito oferecer". Na primeira edição do presente estudo sustentámos que a referência do nº 3 do art. 743 à *licitude* da junção só podia ser entendida como uma remissão, pelo menos, para o disposto no art. 524, e especialmente para o seu nº 1, pois

---

[181] *Supra*, I, 2.

o âmbito de aplicação deste é expressamente condicionado à existência de recurso.

A referida articulação normativa entre o disposto no nº 3 do art. 743 e o nº 1 do art. 524 suscitava as dificuldades próprias de o recurso de agravo caber de decisões recorríveis de que não podia apelar-se (isto é, de decisões *que não respeitassem ao fundo ou mérito da causa*[182]), que parecem agora ultrapassadas pela genérica delimitação material do objecto dos recursos das alíneas *a)* a *g)* e *i)* a *n)* do n. 2 do art. 691. Quer-se com isto dizer que se os documentos em causa, juntos com as alegações de recurso, em nada respeitarem à prova dos factos que fundamentam a acção ou a defesa – o que, atenta a genérica delimitação material do objecto dos recursos das alíneas *a)* a *g)* e *i)* a *n)* do n. 2 do art. 691, será a situação normal –, não estará obviamente em causa a aplicação do art. 524, nº 1 (por referência ao art. 523)[183]. Trata-se de documentos cuja junção se tornou necessária em virtude de ocorrência autónoma – a interposição do recurso da decisão interlocutória –, que poderá ser anterior ou posterior ao termo dos articulados (art. 523, nº 1); neste último caso, a junção é admissível, nos termos da última parte do art. 524, nº 2[184]. Do que acaba de ser referido pode concluir-se que o disposto no art. 524, nº 1, por um lado, e no art. 693-B, última parte, por outro, constituem matérias reciprocamente extrínsecas.

II – Na configuração dos recursos cíveis anterior à reforma de 2007, ao agravo interposto em segunda instância (art. 754)[185] era aplicável o disposto no nº 2 do art. 722 (*ex vi* art. 755, nº 2) e o disposto nos arts. 742 e 743, quando o recurso houvesse de subir imediatamente e em separado (*ex vi* art. 760, nº 1).

---

[182] Cfr. os art. 691 e 733, nas respectivas redacção predecessoras da reforma de 2007 do CPC; cfr. João Espírito Santo, *O documento superveniente...* (1.ª ed. do presente estudo), 57 e ss.

[183] É, aliás, isso que explica a exclusão da alínea *h)* do nº 2 do art. 691 do âmbito de aplicação do art. 693-B, última parte; trata-se naquele preceito legal, com efeito, de uma decisão de mérito, razão pela qual a junção de documentos em recurso se reconduz às hipóteses do art. 524.

[184] Nesse sentido, Alberto dos Reis, *Código de Processo Civil Anotado*, IV, 14.

[185] *Supra*, I.2.

IV. PROVA DOCUMENTAL E RECURSO EXTRAORDINÁRIO DE REVISÃO

A distinção entre recursos ordinários e extraordinários, que atrás deixámos assinalada[186], remonta já à doutrina processualista anterior ao Código de Processo Civil de 1876[187] e viria a ser assumida como a principal classificação legal dos recursos no Código de Processo Civil de 1939. Com efeito, essa distinção surgia no art. 677 do código[188], integrando-se na categoria dos recursos extraordinários a *revista* e a *oposição de terceiro*.

O critério que permitiria a distinção entre recursos ordinários e extraordinários, como atrás ficou assinalado, partia da noção de *trânsito em julgado* das decisões judiciais, sendo ordinários os recursos *interpostos de decisões não transitadas em julgado* e extraordinários os *interpostos de decisões transitadas em julgado*.

A referida classificação legal viria também a ser consagrada no Código de Processo Civil de 1961 (art. 676), regulando-se, no art. 771[189], as condições da admissibilidade do recurso de revista, podendo dizer-se que o mesmo se delimita exclusivamente pelos seus fundamentos[190].

Um desses fundamentos *é a apresentação de documento de que a parte não tivesse conhecimento, ou de que não tivesse podido fazer uso, no processo em que foi proferida a decisão a rever e que, por si só, seja suficiente para modificar a decisão em*

---

[186] *Supra*, I.2.

[187] Cfr. Alberto dos REIS, *Código de Processo Civil Anotado*, VI, 329.

[188] Correspondente ao art. 676 do CPC.

[189] A redacção actual foi introduzida pelo DL nº 303/2007, de 24 de Agosto.

[190] Para a sistematização desses fundamentos, após a reforma do Código de Processo Civil de 2007, cfr. Armindo Ribeiro MENDES, *Recursos em processo civil (Reforma de 2007)*, 198.

DOCUMENTO E RECURSO CÍVEL

sentido mais favorável à parte vencida [art. 771, *c*)]. Fundamento semelhante, ou próximo deste, é, em geral, revelado pelo direito comparado, quer para justificar um recurso extraordinário (sistema latino[191]) quer as chamadas acções de anulação do caso julgado ou outros meios de reabertura da instância (sistema austro-germânico)[192].

O referido preceito do CPC, tal como se encontra gizado, revela uma assinalável diferença de redacção relativamente ao preceito correspondente do Código de Processo Civil de 1939, referindo-se este último a documento *novo superveniente,* que por si só fosse suficiente para *destruir* a prova em que a sentença se havia fundado.

A propósito desta última norma, assinalou Alberto dos REIS que o requisito da novidade *não significava a necessidade de o documento se haver formado depois do trânsito em julgado da sentença a rever*, porque as palavras "[...] de que a parte não dispusesse nem tivesse conhecimento" inculcavam precisamente que o "[...] documento já existia, mas a parte não pôde socorrer-se dele, ou porque o desconhecia, ou porque não o teve à sua disposição"[193]. A *novidade* significaria, pois, e apenas, que se tratava de documento não apresentado no processo em que havia sido proferida a decisão a rever.

Já quanto ao requisito da suficiência do documento para, por si só, destruir a prova em que a sentença se havia fundado, foi o mesmo entendido por aquele autor como "[...] uma necessidade de ser ele determinante de uma situação tal que crie um estado de facto diverso daquele

---

[191] Cfr., para a França, o art. 595 do *Code de Procédure Civile* (recurso extraordinário de *révision*), que contempla, como caso de *ouverture du recours en révison*, a situação em que *une partie détenait et avait dissimulé au tribunal des pièces* (elementos probatórios; cfr. CROZE/MOREL/ /FRADIN, *Procédure civile*, 214) *décisives qui ont été recouvrées depuis le jugement*; para a Itália, o art. 395, 3, do *Codice di Procedura Civile* (recurso de *revocazione*), nos termos do qual, *le sentenze pronunciate in grado d'appello o in unico grado possono essere impugnate per revocazione* (proémio) *se dopo la sentenza sono stati trovati uno o più documenti decisivi che la parte non aveva potuto produrre in giudicio per causa di forza maggiore o per fatto dell'avversario*, e, para a Espanha, o art. 510, 1.º, da *Ley de Enjuiciamiento Civil*, que, relativamente ao recurso de revisão (que tem por objecto sentenças transitadas em julgado), determina que *habrá lugar a la revisión de una sentencia firme si, después de pronunciada, se recobraren u obtuvieren documentos decisivos, de los que no se hubiere podido disponer por fuerza mayor o por obra de la parte en cuyo favor se hubiere dictado.*

[192] Cfr., quanto ao direito alemão, o § 580, 7, do *ZPO*, relativo ao recurso de revisão.

[193] *Código de Processo Civil Anotado*, VI, 353.

sobre que assentou a sentença"[194], não bastando, para admitir-se a revisão, que o documento, por si só, determinasse *decisão mais favorável para a parte vencida*[195].

Parece-nos, todavia, que, quer para a *determinação de um estado de facto diverso daquele em que a sentença se fundou* – a que alude Alberto dos REIS – quer para a *determinação de uma decisão mais favorável à parte vencida*, sempre o documento deveria determinar uma alteração, maior ou menor, do circunstancialismo fáctico em que a sentença se fundou. Mais precisamente, o que parecia exigir-se desse documento, para efeito da admissibilidade da revisão, era a criação de uma *radical alteração* da factualidade em que a sentença se fundara, de modo a *destruir* a prova realizada.

O art. 771, *c)*, do CPC veio, pois, acolher a posição de Alberto dos REIS quanto ao requisito da novidade, eliminando-se tal referência[196]. Todavia, aligeirou o estado de facto de que esse documento deve ser criador, a fim de, com base nele, se admitir o recurso de revisão. Não se exige agora que o documento seja, por si só, criador de uma radical alteração da situação fáctica em que assentou a decisão revidenda, mas apenas que a altere de modo a poder modificar-se essa decisão em sentido mais favorável à parte vencida. Essencial, para a admissibilidade do recurso de revisão, é apenas que a parte não tivesse podido fazer uso desse documento no processo em que foi proferida a decisão, designadamente por dele não ter conhecimento.

Resta, pois, analisar em que circunstâncias, para além do desconhecimento da existência do documento, pode essa impossibilidade verificar-se.

As circunstâncias impossibilitantes dessa apresentação não oferecem especialidades às por nós já analisadas a propósito da impossibilidade

---

[194] *Idem*, 357 e 358.

[195] Sobre este fundamento do recurso de revisão no Código de Processo Civil de 1939, cfr. também Cândida da Silva Antunes PIRES, "O Recurso de revisão em processo civil", *in* BMJ, 134, 203 e ss.

[196] Era o seguinte o seu teor "[...] [q]uando se apresente documento de que a parte não tivesse conhecimento, ou de que não tivesse podido fazer uso, no processo em que foi proferida a decisão a rever e que, por si só, seja suficiente para modificar a decisão em sentido mais favorável à parte vencida [...]".

de apresentação de documentos com o articulado em que se aleguem os factos que os mesmos se destinam a provar[197].

Essa impossibilidade existirá sempre que, *à data do limite cronológico para a apresentação desses documentos no processo em que foi proferida a decisão revidenda*:

a) a parte desconhecia a existência do documento;

b) a parte, não desconhecendo a sua existência, não pôde dispor dele, a fim de o apresentar[198]; ou,

c) o documento ainda se não tinha formado.

Não se tendo verificado essa impossibilidade, não deve a revisão ser admitida.

A terceira das situações apontadas de impossibilidade de apresentação do documento no processo em que foi proferida a decisão a rever deixa-nos, contudo, algumas dúvidas. É que a referência do art. 771, *c)*, a documento *de que a parte não tivesse conhecimento ou não tivesse podido fazer uso no processo em que foi proferida a decisão a rever*, parece supor que o documento exigido deve ter formação contemporânea ao decurso do processo em que foi proferida a decisão revidenda, ou, pelo menos, anterior ao momento até ao qual a parte poderia tê-lo apresentado, caso a circunstância impossibilitante se não tivesse verificado.

Admitir, porém, que um documento com formação posterior a esse momento ou posterior ao trânsito em julgado da decisão revidenda possa – respeitando os demais requisitos do art. 771, *c)* – fundar um recurso de revisão não parece contrário ao espírito do preceito, tanto mais que essa constitui a situação de mais flagrante impossibilidade de o haver junto no processo em que foi proferida a decisão a rever. Trata-se, pois, neste caso de um documento *objectivamente superveniente*[199-200].

---

[197] *Supra*, 3.1.1.1.

[198] Remetemos aqui para o que atrás se disse a propósito da indisponibilidade sobre os documentos e dos eventuais modos de a afastar. Assim, também nesta situação, se a parte não lançou mão, no processo em que foi proferida a decisão revidenda, dos meios que lhe são facultados para trazer o documento ao processo, não deverá admitir-se a revisão (*supra*, 3.1.1.1.).

[199] Assim, Alberto dos REIS, *Código de Processo Civil Anotado*, VI, 355 e 356; concordantes, recentemente, Luís Correia de MENDONÇA/Henrique ANTUNES, *Dos recursos*, 353.

[200] Ao documento *objectivamente superveniente* pode opor-se o *subjectivamente superveniente*, ou seja, aquele que a parte não pôde juntar ao processo em que foi proferida a decisão a rever por desconhecer a sua existência ou de que não pôde dispor para esse fim.

A questão a que acabamos de fazer referência coloca-nos, contudo, um problema adicional, que pode formular-se da seguinte maneira: deve admitir-se a revisão com base em documento destinado a provar factos não alegados no processo em que foi proferida a decisão revidenda ou posteriores a essa decisão?

As considerações atrás formuladas sobre o *objecto* do recurso[201] determinam que nos inclinemos para uma resposta negativa a esta questão. E, com efeito, assim foi decidido no acórdão do Tribunal da Relação do Porto de 3 de Março 1972[202]. Nele se refere que "[d]eve ser recusada revisão se na acção em que foi proferida a sentença revidenta não tiverem sido alegados os factos que os documentos se destinam a provar".

---

[201] *Supra*, 3.1.2.1.
[202] *In* RT, Ano 90, 129.

BIBLIOGRAFIA

ALEXANDRE, Isabel
– "A fase da instrução no processo declarativo comum", *in Aspectos do novo processo civil*, AA.VV., Lex, Lisboa, 1997, 273-314
– "Problemas recentes da uniformização da jurisprudência em processo civil", Separata da ROA, ano 60, I (Jan.; 2000), 103-163

AMARAL, Jorge Augusto Pais do
– *Direito Processual Civil*, 9ª ed., Almedina, Coimbra, 2010

ANDRADE, Manuel A. Domingues de
– *Noções elementares de processo civil*, Coimbra Editora, Coimbra, 1979

ANDRIOLI, Virgilio
– "Prova. Diritto processuale civile", *in* NssDI, (dir. de ANTÓNIO AZARA / ERNESTO EULA), Vol. XIV, UTET, Turim, 1957, 260-300

ASCENSÃO, José de Oliveira
– *O Direito: Introdução e Teoria Geral*, 13ª ed., Livraria Almedina, Coimbra, 2005

CARLOS, Adelino da Palma
– *Direito Processual Civil*, AAFDL, Lisboa, 1956
– *Direito Processual Civil: dos recursos*, AAFDL, Lisboa, 1970

CARNELUTTI, Francesco
– "Documento. Teoria moderna", *in* NssDI (dir. de ANTÓNIO AZARA / ERNESTO EULA), Vol. VI, UTET, Torim, 85-89
– *La prova civile – Parte generale (Il concetto guiridico della prova)*, Athenaum, Roma, 1915

CASTRO, Artur Anselmo de
– *Direito Processual Civil declaratório*, Livraria Almedina, Coimbra (Vol. I, 1981; Vol. III 1982)

CONTE, Mario,
– *Le prove nel processo civile*, Giuffrè, Milão, 2002

CROZE, Hervé/MOREL, Christian/FRADIN, Olivier
– *Procédure civile*, 2ª ed., Litec, Paris, 2002

CUNHA, Paulo
– *Da marcha do processo: processo comum de declaração* (Apontamentos de Artur Costa e Jaime de Lemos), 2 Tomos, Tipografia Augusto Costa & Cª., Limitada, Braga, 1940

ESPÍRITO SANTO, João
– *O documento superveniente para efeitos de recurso ordinário e extraordinário*, Almedina, Coimbra, 2001

FREITAS, José Lebre de
– *Introdução ao processo civil: conceito e princípios gerais, à luz do código revisto*, Coimbra Editora, Coimbra, 1996
– "A identidade do objecto da decisão na norma excludente do recurso de revista", *in* ROA, 2009 (Jul.-Set; Out.-Dez.), 859-867
– *A acção executiva depois da reforma*, 5ª ed. (reimp.) Coimbra Editora, Coimbra, 2010
– "Recurso extraordinário: recurso ou acção", *in As recentes reformas na acção executiva e nos recursos*, Wolters Kluwer/Coimbra Editora, Coimbra, 2010, 19-26

GERALDES, António Santos Abrantes
- *Recursos em Processo Civil - Novo Regime,* 3ª ed., Almedina, Coimbra, 2010
- *Temas da reforma do processo civil,* Vol. II, 4ª ed., Almedina, Coimbra, 2010

LEONE, Carlo,
- "Istruzione del processo civile; a) Istruzione della causa", *in* EdD, Vol. XXIII, Giuffrè, Varese, 1973,141-153

LIEBMAN, Enrico Tullio
- *Manuale di Diritto processuale civile,* Vol. I, 4ª ed. (reimp.), Giuffrè, Milano, 1984

LUZZATTO, Guiseppe
- "Documento. Diritto romano", *in* NssDI (dir. de António Azara / Ernesto Eula), Vol. VI, UTET, Turim, 1957, 84 e 85

MACHADO, António Montalvão
- *O dispositivo e os poderes do tribunal à luz do novo Código de Processo Civil,* 2ª ed., Almedina, Coimbra, 2001

MARQUES, João Paulo Fernandes Remédio
- *Acção declarativa à luz do código revisto,* 3ª ed., Coimbra Editora, Coimbra, 2011

MENDES, Afonso de Castro
- "Recurso (Direito Processual Civil)", *in Polis,* Vol. 5, colunas 78 e ss., Editorial Verbo, Lisboa/S. Paulo, 1987

MENDES, Armindo Ribeiro
- *Recursos em processo civil,* Lex, Lisboa, 1992
- "Os recursos no Código de Processo Civil revisto", *in Direito Processual Civil, Estudos sobre temas do processo civil,* AA.VV., SFN Editores, Lisboa, 2001 (coord. de Rui Manuel de Freitas Rangel), 31-56
- *Recursos em processo civil (Reforma de 2007),* Coimbra Editora, Coimbra, 2007

MENDES, João de Castro
- *Direito Processual Civil,* AAFDL, Lisboa, 1986
- *Do conceito de prova em processo civil,* Ática, Lisboa, 1961

PIMENTA, Paulo
- *A fase do saneamento do processo antes e após a vigência do novo Código de Processo Civil,* Almedina, Coimbra, 2003

PINTO, Rui
- *A acção executiva depois da reforma,* Lex, Lisboa, 2004

PIRES, Cândida da Silva Antunes
- "O Recurso de revisão em processo civil", *in* BMJ, 134 (1964), 21-325

REIS, José Alberto dos
- *Breve estudo sobre a reforma do processo civil e comercial,* 2ª ed., Coimbra Editora, Coimbra, 1929
- *Código de Processo Civil anotado* (Vol. III, 4ª ed., reimp., 1985; Vol. IV, reimp., 1987; Vol. V, reimp., 1984), Coimbra Editora, Coimbra

SAMPAIO, J. Gonçalves
- *A prova por documentos particulares na doutrina, na lei e na jurisprudência,* Livraria Almedina, Coimbra, 1987

SERRA, Adriano Vaz
- "Provas (Direito Probatório Material) ", *in* BMJ, 110 (61-256), 111 (5-194) e 112 (33-299), 1961/1962

SILVA, António E. Duarte
- "Um constitucionalista na Escola de Direito e na FDB: três permanências, com 'sequelas'", *in Estudos Comemorativos dos vinte anos da Faculdade de Direito de Bissau, 1990-2010,* I, AA.VV., FDL-FDB, Lisboa-Bissau, 2010 (org. de Fernando Loureiro Bastos)

SILVA, PAULA COSTA E
- "Saneamento e condensação no novo processo civil", *in Aspectos do novo processo civil,* Lex, Lisboa, 1997, 213-272
- *A reforma da acção executiva,* 2ª ed., Coimbra Editora, Coimbra, 2003
- *Acto e processo: o dogma da irrelevância da vontade na interpretação e nos vícios do acto postulativo,* Coimbra Editora, Coimbra, 2003

SOUSA, Miguel Teixeira de
- *Sobre a teoria do processo declarativo,* Coimbra Editora, Coimbra, 1980
- *Introdução ao processo civil,* Lex, Lisboa, 1993
- *A competência declarativa dos tribunais comuns,* Lex, Lisboa, 1994

– *As partes, o objecto e a prova na acção declarativa*, Lex, Lisboa, 1995

– *Estudos sobre o novo processo civil*, Lisboa, Lex, 1997

– "Aspectos gerais da Reforma da acção executiva", *in Cadernos de Direito Privado*, 4 (Out.-Dez.), 3-25

– *A reforma da acção executiva*, Lex, Lisboa, 2004

– "A audiência preliminar", *in Direito Processual Civil, Estudos sobre temas do processo civil*, AA.VV., SFN Editores, Lisboa, 2001 (coord. De Rui Manuel de Freitas Rangel), 13-30

TOMÁS, Helena

– *Em torno do regime dos assentos em processo civil*, AAFDL, Lisboa, 1990

VARELA, João de Matos Antunes

– Anotação ao Ac. do STJ, de 9 de Dezembro de 1979, *in* RLJ, Ano 115 (1982/1983), nº 3696, 89-96

VARELA, João de Matos Antunes/BEZERRA, J. Miguel/NORA, Sampaio

– *Manual de processo civil*, 2ª ed., Coimbra Editora, Coimbra, 1985

ÍNDICE

NOTA PRÉVIA À SEGUNDA EDIÇÃO	9
NOTA PRÉVIA	11
PRINCIPAIS ABREVIATURAS	13
INTRODUÇÃO (DELIMITAÇÃO DO TEMA E RAZÃO DE ORDEM)	17

I.	DECISÃO JUDICIAL E RECURSO	19
1.	Impugnação das decisões judiciais: generalidades. Recurso e reclamação	19
2.	Recursos ordinários e extraordinários	24

II.	FASE INSTRUTÓRIA E PROCEDIMENTOS PROBATÓRIOS. PROVA DOCUMENTAL	31
1.	Generalidades	31
2.	Processo declarativo comum ordinário e fases processuais. Fase instrutória. Prova	35
3.	Procedimentos probatórios e prova documental	43
	3.1. Apresentação de documentos em juízo	45
	3.1.1. Documentos destinados a fazer prova dos fundamentos da acção ou da defesa	46
	3.1.1.1. Apresentação em primeira instância	48
	3.1.1.2. Apresentação em recurso	54
	3.1.1.2.1. Apelação	55
	3.1.1.2.2. Revista	58
	3.1.2. Documentos destinados a fazer prova de factos posteriores aos articulados ou cuja apresentação se tenha tornado necessária por virtude de ocorrência posterior	60
	3.1.2.1. Documentos destinados a provar factos posteriores aos articulados	61
	3.1.2.2. Documentos cuja junção se tornou necessária em virtude de ocorrência posterior aos articulados	65

DOCUMENTO E RECURSO CÍVEL

3.1.3. Apelação e documentos cuja junção se tenha tornado necessária em virtude do julgamento proferido na primeira instância   66

3.1.4. Apelação e documento novo superveniente   70

III. INSTRUÇÃO DE RECURSOS DE DECISÕES INTERLOCUTÓRIAS   75

IV. PROVA DOCUMENTAL E RECURSO EXTRAORDINÁRIO DE REVISÃO   77

Bibliografia   83